W0323530

Thomas Dekker

THIJS ZONNEVELD

THOMAS DEKKER

Unter Profis

covadonga

Die Originalausgabe dieses Buches erschien unter dem Titel
»Thomas Dekker. Mijn gevecht« bei Voetbal Inside,
einem Imprint von Overamstel Uitgevers, Amsterdam.
Voetbal Inside TM 2016 RTL Nederland B.V.

Covadonga Verlag, Spindelstr. 58, D-33604 Bielefeld

ISBN (Print): 978-3-95726-024-6
ISBN (E-Book): 978-3-95726-025-3

Übersetzung aus dem Niederländischen: Rainer Sprehe
Portraitfoto Cover: Stephan Vanfleteren
Illustrationen Cover: Dreamstime/Alfonso de Tomas
Foto Umschlagrückseite: Hennes Roth
Druck: Hans Kock Buch- und Offsetdruck GmbH, Bielefeld

Bibliografische Information der Deutschen Nationalbibliothek: Die Deutsche Nationalbibliothek verzeichnet diese Publikation in der Deutschen Nationalbibliografie; detaillierte bibliografische Daten sind im Internet über http://dnb.dnb.de abrufbar.

www.covadonga.de

1.

Es ist dunkel hier drinnen, die Düsternis hat tausend Farben. Die Vorhänge sind zugezogen, die Tür ist geschlossen. Das einzige Licht ist der schwache Schein der Nachttischlampe. Schatten kriechen über den Boden und an den Wänden entlang. An einer Stelle hängt ein Gemälde, so wie immer in dieser Art von Hotelzimmer – das Stillleben einer einsamen Blume.

Ich liege in Trainingshose und T-Shirt auf dem Bett. Ich habe mir nicht mal die Mühe gemacht, meine Schuhe auszuziehen. In meinem Arm steckt eine dicke Infusionsnadel. Durch den Schlauch läuft mein Blut. Langsam fließt es in einen Beutel auf einer Digitalwaage, die auf dem Fußboden steht.

In der Ecke des Zimmers, weit weg vom Licht, sitzt ein Mann in einem Sessel. Er wippt mit seinem Fuß, während er etwas in seinem Terminkalender notiert. Alle paar Minuten schaut er auf die Waage. Ich bin ihm vor einer halben Stunde zum ersten Mal begegnet, in der Lobby des Hotels. Er stellte sich mir als Doktor Fuentes vor. Er riecht nach Zigarettenrauch und hat ein Allerweltsgesicht, das man sofort wieder vergisst. Seine Hose ist beige und er trägt ein kariertes Hemd. Wir haben kaum ein Wort miteinander gewechselt. Sein Englisch ist schlecht, und ich spreche kein Spanisch. Ich glaube, er weiß nicht einmal, wer ich bin. Das macht nichts. Ich bin nicht hier, um mich zu unterhalten.

Ich betrachte das Blut in dem Beutel. Es ist, als ob es nicht meins wäre. Als ob es sich um eine Fälschung handelte. Ich hatte gedacht, es würde anders sein: das erste Mal. Irgendwie spannender, irgendwie nervöser – so als würde man Süßigkeiten im Laden an der Ecke klauen. Aber es ist nichts Spannendes daran. Ich bin auch nicht nervös. Alles ist ganz sachlich und geschäftsmäßig. Doping ist Business. Aber schon eine Art von Business, von dem so wenige Menschen wie möglich etwas mitbekommen sollten. Nach einer Viertelstunde erhebt sich Doktor Fuentes aus seinem Sessel. Er zieht die Nadel aus meinem Arm und tupft das Blut mit einem Wattebausch ab. Er reicht mir einen Folienstift und sagt mit starkem Akzent: »I give you number. Twentyfour. Two four. You must write here.« Er zeigt auf den vollen Blutbeutel. Ich setze mich auf, nehme den Stift und schreibe die Nummer auf den Beutel. Er nickt und sagt dann: »We are done.« Ich ziehe meine Trainingsjacke an und gebe ihm die Hand. Er öffnet die Tür und murmelt etwas, das ich nicht verstehe. Ich trete hinaus in den Flur, wo das Licht so hell ist, dass es mir in den Augen wehtut.

Die Tür schließt sich hinter mir.

Von nun an gibt es kein Zurück mehr.

2.

Ich wuchs in einer stinknormalen Familie in einem stinknormalen Haus in einer stinknormalen Straße in einem stinknormalen Dorf auf. Dirkshorn heißt es und liegt auf einem Polder in der Provinz Nordholland, der Halbinsel zwischen der Nordsee und dem IJsselmeer. Es ist nicht viel mehr als ein Fliegenklecks auf der Landkarte. Es hat nur zwölf Straßen. Es gibt eine Kirche, einen Supermarkt, einen Fußballverein und eine Snackbar. Es passierte nie etwas in Dirkshorn. Eine Kirmes, ein Mal im Jahr, das war es dann auch schon.

Ich habe stinknormale Eltern. Sie heißen Bart und Marja. Meine Mutter arbeitet als Bademeisterin in dem Schwimmbad ein Dorf weiter. Mein Vater ist Gepäckträger am Flughafen Amsterdam-Schiphol. Seit 30 Jahren steht er fünf Mal in der Woche morgens um halb fünf auf und verlässt das Haus mit einer vollen Butterbrotdose, um den ganzen Tag lang Koffer von einem Ort zum anderen zu schleppen. Abends um halb sechs steht das Essen auf dem Tisch; mein Vater kocht. Meistens holländische Hausmannskost. Blumenkohl, Kartoffeln, ein Stück Fleisch. Sonntags holen wir uns Fritten von der Snackbar Joep. Meine Eltern verdienen nicht gerade Unmengen an Geld. Sie gehen sparsam um mit dem, was sie haben.

Meine gesamte Kindheit hindurch bin ich mit Rollschuhen aus dem Secondhand-Shop herumgekurvt. Die gingen auch.

Meine Mutter ist sehr fürsorglich. Sie ist eine jener Mütter, die immer dafür sorgen, dass schon Limonade und Kekse bereitstehen, wenn du nach Hause kommst. In ihrem ganzen Leben ist sie nur ein einziges Mal böse auf mich gewesen. Da war ich noch sehr klein. Ich weiß nicht einmal mehr, was ich damals angestellt habe. Mein Vater ist ein typischer Nordholländer. Ein bisschen stur, auch ein wenig mürrisch, aber er trägt sein Herz auf der Zunge. Er sagt, was er denkt. Oft wäre das nicht mal erforderlich: Man sieht ihm an, wie er drauf ist. Normalerweise ist er glücklich. Aber wenn er frustriert oder wütend ist, dann bebt seine Lippe. Manchmal graben sich Falten in sein Gesicht. Dann kann ich sehen, dass er Sorgen hat. Oder hatte. In neun von zehn Fällen meinetwegen, fürchte ich. Am liebsten würde er mich immer noch festhalten, so wie früher, wenn wir mit dem Rad zu Oma nach Schoorl fuhren: mit seiner Hand in meinen Nacken gekrallt, so dass ich nicht stürzte und immer schön geradeaus fuhr.

Meine Schwester heißt Floor. Sie ist zwei Jahre jünger als ich. Wir haben uns immer gut verstanden. Die meiste Zeit spielten wir zusammen und zogen den ganzen Tag gemeinsam umher. Am Wochenende saßen wir morgens, wenn unsere Eltern noch schliefen, zu zweit unter einer Decke auf dem Sofa in einem kalten, dunklen Haus und schauten uns Zeichentrickfilme im Fernsehen an.

Ich spielte als Kind fast immer draußen. Auf dem Bolzplatz um die Ecke oder an der Lärmschutzwand entlang der N245. Fußball, Fahne erobern, Schwimmen in einem See oder im Freibad in der Nähe. Mein Herz schlug für Tennis, Fußball und Eisschnelllauf. Ich hatte für alle drei kein Talent, aber ich war mit Feuereifer bei der Sache. Von der F- bis zur D-Jugend spielte ich Fußball beim FC Dirkshorn. Mein Großvater, der nie ein Spiel verpasste, spendierte mir immer einen Gulden für jedes Tor, das ich schoss. Manchmal war ich so versessen darauf, einen Treffer zu erzielen, dass ich stumpf durch meine Gegenspieler hindurchlief. Wenn wir verloren, war ich nicht zu genießen. Das passierte mir bei anderen Sportarten übrigens auch. Ich war schnell auf hundertachtzig, wenn mir etwas nicht gelang. Aber ich wusste, dass ich mit meiner Ausrüstung stets pfleglich umgehen musste. Wäre ich je auf die Idee gekommen, auf dem Tennisplatz aus Ärger über einen verlorenen Ballwechsel meinen Schläger zu werfen, mein Vater hätte mich an den Haaren vom Platz geschleift.

Meine Schule war auch bei uns im Dorf. Ich war mit acht Kindern in einer Klasse, die gesamte Grundschule hindurch. In den Pausen spielten wir Murmeln auf dem Spielplatz. Ich musste immer partout die meisten Murmeln von allen haben. Manchmal verkaufte ich sie an andere Kinder – um sie dann gleich wieder zurückzugewinnen. Ich verdiente Hunderte von Gulden damit. Das Geld wollte ich sparen, für später. Um mir irgendwann ein schickes Auto zu kaufen. Das war mein Traum. Ich weiß nicht, woher ich das habe, dieses Materialistische. Jedenfalls nicht von meinen Eltern. Und meine Schwester hat es auch nicht.

Im Sommer fuhren wir wie alle anderen in den Urlaub. Mama und Papa vorne im Auto, Floor und ich auf der Rückbank, mit Milchbrötchen, Kaubonbons und Comics. Häufig fuhren wir mit dem Zelt nach Frankreich, auf Campingplätze mit Swimmingpool, Tischtennisplatte und Plumpsklo. Ein andern mal ging es in den Center Parc oder ein Gran Dorado. In eines dieser Häuser, die exakt identisch aussehen wie das Haus daneben und wie alle anderen hunderttausend Häuser der Ferienanlage.

Dass man früh hätte erkennen können, dass ich eines Tages aus der Spur geraten würde, stimmt nicht. Meine Eltern haben uns mit Liebe überschüttet. Es gab nie Streit zu Hause. Es gab nie Probleme.

Meine Kindheit kann ich mit einem Wort beschreiben.

Stinknormal.

3.

Ich bekam es zu meinem elften Geburtstag. Ich hätte weinen können, so schön fand ich mein erstes Rennrad. Es war schwarz-weiß lackiert – dieselben Farben wie die Rennmaschinen, mit denen das niederländische Profiteam PDM seit Jahren fuhr. Concorde stand auf dem Unterrohr. Die Rahmengröße war so gewählt, dass das Rad mit mir mitwachsen würde: Der Sattel war so tief wie möglich eingestellt, vorerst verschwand die Sattelstütze komplett im Sitzrohr. Es hatte zwölf Gänge: Um zu schalten, musste man Hebel am Unterrohr hin- und herbewegen. Es hatte Pedale mit Lederriemen, die man strammziehen konnte. Ich bekam ein Paar Radschuhe dazu. Schwarz, mit Plastiksohlen.

Die allerersten Meter auf meinem neuen Rennrad fuhr ich vom Wohnzimmer in die Speisekammer. Ganz vorsichtig vorbei am Esstisch und am Fernseher, im wackligen Bogen um eine Vase mit Blumen herum. Mein Vater lachte, meine Mutter schaute ein wenig besorgt.

Mein Vater hatte es bei Hans Langerijs gekauft, einem Fahrradgeschäft in der Nachbarstadt Schagen. Mit einem eigenen Rennrad würde ich auch in den Sommermonaten mit dem Eisschnelllaufverein mittrainieren können, mit dem ich im Winter meine Runden auf dem Eis drehte. Auf Schlittschuhen war ich nicht sonderlich gut: Mir mangelte es an der richtigen Technik. Und zugegebenermaßen auch an der nötigen Kraft. Ich war klein und schmächtig. Meine Beine waren so dünn, dass sie aussahen wie Drähte, die aus meiner Hose herausragten. Auf der Eisbahn rauschten die größeren Jungs an mir vorbei, als würde ich gar nicht existieren. Es war eher Harken, was ich da tat - mühselig schleppte ich mich übers Eis. Aber Aufhören war auch keine Option. Daran habe ich nicht einen Gedanken verschwendet. Alle Jungs aus Nordholland gehen im Winter zum Eislaufen. Ich auch.

Radfahren klappte besser als Eislaufen. Ich unternahm Touren mit meinem Vater. Dreißig, fünfunddreißig Kilometer, in Richtung der Dünen, am Meer entlang und über den Seedeich bei Camperduin. Meistens mit Gegenwind auf dem Hinweg und mit Rückenwind zurück. Freitagabends drehten wir eine Trainingsrunde mit dem Schlittschuhverein; mein Vater fuhr auch mit. Anderthalb Stunden auf dem Rad, mehr nicht. Es waren alles Jungs und Mädchen aus der Gegend.

Der Radsport zog mich geradezu magisch an, wie ein mächtiger Magnet. Der allgegenwärtige Geruch von Massageöl, wenn ich mir mit meinem Vater ein Kriterium anschaute, das Glänzen der Räder, wenn das Peloton vorbeiflog... Es war ganz anders als Eislaufen oder Fußball. Es war rauer, heroischer. Atemlos sah ich zu, wie erwachsene Männer sich völlig verausgabten und verbissen dem Schmerz trotzten, während ihnen Rotzfäden vom Kinn hingen.

Im Vergleich zu Radrennen waren alle anderen Sportarten nur ein Spiel.

Mir gefielen gerade auch die Duelle Mann gegen Mann, die ich im Fernsehen sah. Gut erinnere ich mich an die Tour de France 1996, in der Miguel Induráin unterging. Ich war für ihn, ich wollte so sehr, dass er gewann. Ich war sicher, dass er Bjarne Riis schlagen würde. Aber es kam anders. Induráin brach am Port de Larrau ein – ausgerechnet bei einer Etappe nach Pamplona, seinem Heimatort. Kopfschüttelnd saß ich vor dem Fernseher. Ich verstand es nicht. Es war, als ob er plötzlich ein anderer Fahrer geworden wäre. Er war zu groß für sein Fahrrad, sein Gesicht war zu einer Grimasse verzerrt, die ich nie zuvor bei ihm gesehen hatte. Er war von einem Tag auf den anderen alt geworden. Ich erinnere mich, dass er abends im Hotel um einen Kommentar gebeten wurde. Überall Menschen, überall Kameras. Aus seinen Worten sprachen Zweifel, und man sah die Verzweiflung in seinen Augen. Er wusste nicht mehr weiter. Er sagte: »Ich weiß nicht, wie meine Zukunft aussieht. Aber besser als früher werde ich bestimmt nie mehr werden.« Es klang wie Abschiednehmen.

Ich fing an, selbst Rennen zu fahren. Wilde, lose organisierte Rennen im Norden von Nordholland, meistens im Rahmen der örtlichen Kirmes. In Dörfern, die Wervershoof hießen oder Hippolytushoef. Gegen Altersgenossen aus der Region fuhr ich so schnell wie möglich im Kreis, mit hochrotem Kopf. Oft endete es im Sprint. Darin war ich nicht sehr gut. Ich verlor auch gegen Mädchen. Die waren in diesem Alter viel stärker. Das ärgerte mich maßlos.

Mein Vater kaufte mir Klickpedale für mein Rennrad. Violette, von Look. Ich übte erst bei uns in der Straße, bevor ich damit zum Training aufbrach. Mein Vater warnte mich noch: Fahr lieber aufmerksam und pass auf, dass du nicht umfällst, wenn du an einer Kreuzung anhalten musst. Ich wischte seine Warnungen achtlos beiseite. Aber an der erstbesten Kreuzung lag ich auf dem Rücken, weil ich mit den Schuhen nicht aus den Pedalen gekommen war. Ein Mann eilte herbei und fragte mich, ob ich in Ordnung sei. Ich stammelte: »Ja, ja, geht schon.« Es tat mir vor allem leid um meine Ausrüstung. In meiner Radhose war ein Loch. »Bekomme ich eine neue?«, fragte ich meine Mutter, als ich nach Hause kam. Meine Mutter schüttelte den Kopf und sagte nur: »Nein. Das Sitzpolster hat nichts abbekommen.« Ich fuhr ständig mehr und mehr. Aus zwei Mal in der Woche wurden drei Mal, aus drei bald vier Mal. Gemeinsam mit meinem Vater unternahm ich immer längere und weitere Touren.

Im Sommer 1998 waren wir im Urlaub auf einem Campingplatz in Frankreich. Vormittags fuhren wir selbst Rad, am Nachmittag sahen wir uns auf einem kleinen Fernseher im Essenssaal die Tour de France an. Mein Vater mit einem Bier vor sich, ich mit einem Glas Limonade. Der niederländische Radsport war in jenen Jahren keine große Nummer, aber bei dieser Tour fuhr Michael Boogerd fantastisch. Er trug das rot-weiß-blaue Trikot des Niederländischen Meisters und kam mit den besten Fahrern der Welt die Berge hoch. Ich war vierzehn und fand es großartig, was er tat. Ich brüllte den Fernseher an, um ihn anzufeuern, und hoffte mit allem, was ich hatte, dass er die Gruppe der Klassementfahrer nicht würde ziehen lassen müssen. Nachts, wenn ich im Zelt auf meiner Luftmatratze lag, sah ich in meiner Vorstellung, wie ich eines Tages selbst die Tour de France fuhr. Wie ich gewann. Wie ich das Gelbe Trikot holte. Wie ich an der Spitze das Tempo verschärfte, mit einer Gruppe von Konkurrenten am Hinterrad, die einer nach dem anderen abreißen lassen mussten.

Als wir aus dem Urlaub wieder nach Hause kamen, entdeckte ich ein Poster von Michael Boogerd in einem Magazin. Ich nahm es heraus und hängte es direkt über mein Bett.

Ich wusste es sicher. Ich wollte auch Radrennfahrer werden.

4.

Wir standen unter der Dusche. Ich schaute mich um, betrachtete die Jungs, gegen die ich kurz zuvor eines meiner ersten offiziellen Rennen gefahren war. Sie brüllten herum, sie rissen Witze und sie erzählten Geschichten vom Radsport. Einige hatten auf dem Rad nicht viel drauf, zu anderen schaute ich auf. Das waren oft die größeren Jungs, die bereits einen Wachstumsschub gemacht hatten. Ein paar von ihnen hatten schon Haare am Sack. Ich schaute an mir herunter. Kein Haar zu sehen. Nicht einmal Flaum.

Ich erinnere mich, dass ich in den ersten Rennen, die ich bestritt, nichts reißen konnte. Viele dieser Rennen endeten in einem Sprint und dabei wurde ich, da ich nur 45 Kilo wog, regelmäßig verblasen. In jener Zeit gewann Wim Stroetinga praktisch jedes Rennen – er konnte so schnell sprinten, dass es aussah, als würde man ihn mit einem Revolver abfeuern. Auf der Bahn war Niki Terpstra schon ziemlich gut. Er war damals noch ein wenig mollig, aber sobald der Startschuss fiel, konnte er irrsinnig schnell ums Oval jagen.

Jedes Wochenende fuhr ich einen anderen Wettkampf. Wir reisten im ganzen Land herum: Papa, Mama, Floor und ich. Es war jedes Mal eine Art Umzug. Die Rückbank lag voll mit Radklamotten und Milchbrötchen, und im Kofferraum stand eine Kühlbox mit Trinkjoghurt und Cola neben meinem neuen Rennrad – es war ein blaues Simon, eine Fahrradmarke aus Zaandam. Um alles im Auto unterzubekommen, kaufte mein Vater einen VW-Bus. Das war auch notwendig, erst recht, als Floor beschloss, ebenfalls Radrennen zu fahren. Sehr lange blieb sie nicht bei der Stange, aber sie besaß Talent im Überfluss. Bei den niederländischen Jugendmeisterschaften im Zeitfahren ist sie noch Zweite geworden, vor Marianne Vos. Es muss für sie manchmal schwer gewesen sein, dass sich oft alles um mich drehte, aber sie hat sich nie darüber beschwert. Zumindest mir gegenüber nicht.

Langsam, aber sicher wurde ich besser. In der Tour de Achterveld, einer Art einwöchigem Etappenrennen für Jungen und Mädchen, wurde ich Zweiter. Meine Eltern konnten nicht jeden Tag dabei sein, um zuzuschauen. Also schlief ich bei einer Gastfamilie. Es war das erste Mal, dass ich allein von zu Hause weg war. Ich war so nervös, dass ich nachts kaum schlafen konnte. Nicht, weil ich allein war, sondern eher, weil das Ganze nun richtigem Radsport ähnelte, komplett mit Zeitfahretappen, Podiummädchen, Rennjury und Absperrgittern, hinter denen die Zuschauer standen.

Ich pflügte durch die Jugendkategorien, jedes Jahr mit noch ein wenig mehr Ehrgeiz und noch größeren Träumen. Meine Eltern ermutigten mich zwar, zwangen mich aber nie zu etwas. Mein Vater war durchaus fanatisch bei der Sache, aber er stand nie schreiend am Straßenrand und er war auch nicht enttäuscht, wenn ich mal die Spitzengruppe verpasste. Am wichtigsten war für ihn, dass ich Einsatz zeigte. In meinen

Augen war das nur logisch: Ich gab sowieso immer mein Bestes. Damals zumindest. Für meine Mutter spielte es ohnehin keine große Rolle, ob ich Erster, Zweiter oder Dreihundertsiebenundvierzigster geworden war: Wenn es nach ihr ging, hätte ich meine Zeit auch mit Tennis verbringen können oder den ganzen Tag mit meinen Freunden auf dem Spielplatz herumhängen.

Ein Mal habe ich es erlebt, dass mein Vater nach einem Rennen wütend war. Das war nach dem Omloop van de Maasvallei für »Nieuwelingen«, wie die U17-Kategorie in den Niederlanden heißt. Das Rennen fand in Süd-Limburg statt, dreihundert Kilometer von Dirkshorn entfernt. Mein Vater und ich waren schon am Tag vorher angereist. Wir übernachteten in einer Pension in Elsloo. Ich dachte, es wäre ein Rennen, das mir liegen müsste, mit all den südlimburgischen Hügeln – und sei es nur, weil ich insgeheim hoffte, ein guter Kletterer zu sein. Aber am Fuße des ersten Anstiegs war ich bereits abgehängt. Die Straßen waren ein bisschen nass, und kurz nach dem Start ging es auf einer Kopfsteinpflaster-Abfahrt den Maasberg hinab. Ich hatte Angst. Mit Schiss in der Buchse, die Hände fest in die Bremsen gekrallt, eierte ich nach unten. Schnell fuhr mir das Peloton davon. Wir hatten noch nicht mal acht Kilometer zurückgelegt. Ich habe sie an diesem Tag nicht mehr wiedergesehen. Ich fuhr zurück zum Start, mutterseelenallein. Da stand mein Vater und war gerade in ein Gespräch mit anderen Eltern vertieft. Er fluchte leise, als er mich kommen sah. »So ein Sch...dreck« – etwas in der Art. Die Rückfahrt nach Dirkshorn dauerte ein Jahrhundert. Fast die ganze Zeit saßen wir schweigend nebeneinander, mein Vater und ich. Ich war enttäuscht und beschämt zugleich. Mein Vater verstand die Welt nicht mehr. Dass ich nicht mit den Besten mithalten konnte: So was konnte immer passieren. Aber dass ich bereits geschlagen war, noch ehe das Rennen richtig begonnen hatte, fand er unbegreiflich. Als wir irgendwo in der Nähe von Utrecht waren, sagte er: »Tja, Junge, wenn man auch bergab an den Bremsen reißt...« Dann gab er mir einen Klaps auf den Hinterkopf und murmelte, dass es im nächsten Rennen bestimmt wieder besser laufen würde.

Am Ende meiner ersten Saison in der U17 lag eines Tages ein Brief für mich auf der Fußmatte. Auf dem Umschlag prangte das Logo von Rabobank, dem großen niederländischen Radrennstall. Es war eine Einladung zur »Rabo Ardennen-Prüfung« - einem Mini-Trainingslager, in dem sie allerlei junge Burschen testeten. Der Plan dahinter war, die allerbesten jungen Rennfahrer des Landes schon früh an das Team zu binden und dann praktisch mit einer Mehrstufenrakete ganz an die Spitze zu katapultieren: über das Junioren-Team (unter 18 Jahren) und das Nachwuchsteam (unter 23) bis zum Profi-Team. Ich war im siebten Himmel, so sehr freute ich mich über die Einladung von Rabobank. Auf einer rosa Wolke schwebend brach ich ein paar Wochen später zum Hotel in Spa auf: Mein Vater brachte mich zum Treffpunkt in De Meern, dort bestieg ich einen Reisebus, der noch andere Haltestellen ansteuerte und uns schließlich in die Ardennen brachte. Es waren eine Menge andere gute Fahrer meines Alters dabei. Marc de Maar, Reinier Honig, Jos Harms. Der frühere Straßenweltmeister Jan Raas, Teammanager von Rabobank, hieß uns höchstpersönlich willkommen. Unsere Räder wurden mit Rabobank-Trinkflaschen bestückt, es gab Betreuer, die alle möglichen Dinge für uns regelten, und wir trainierten unter Leitung von Ex-Profi Adri van der Poel. Es war fantastisch. Für mich war Rabobank das Nonplusultra. Das Allergrößte.

5.

In der Schule tat ich in der Zwischenzeit nichts mehr. Ich saß nur noch lustlos meine Tage ab. Ich baute ein bisschen Mist, ich interessierte mich für Mädchen, und ich bekam kaum etwas von dem mit, was der Lehrer erklärte. In meine Bücher schaute ich nur, wenn es gar nicht anders ging: für die Prüfungen. Ein paar Jahre kam ich damit durch. Ich war von der Grundschule zunächst zum VWO gewechselt, der anspruchsvollsten Sekundarschulform in den Niederlanden. Das erste Jahr dort packte ich noch, und irgendwie wurde ich auch noch in die Dritte an der VWO versetzt, aber mein Interesse an der Schule entwickelte sich umgekehrt proportional zu meinem Interesse am Radsport.

Ich hatte nur noch einen einzigen Traum, und das war, Radprofi zu werden. Alles musste dahinter zurückstehen. Ich stand mit Radsport im Kopf auf, ich frühstückte mit Radsport im Kopf, ich putzte meine Zähne mit Radsport im Kopf, ich atmete Radsport und ich ging mit Radsport zu Bett. Der niederländische Verband besorgte mir einen Trainer: René Kos. Er entwarf Trainingspläne für mich. Ich machte immer mehr, als draufstand. Ende 2000, bevor ich von der U17 zu den Junioren wechselte, kaufte mein Vater einen Motorroller, hinter dem ich trainieren konnte. Am Nachmittag, wenn er vom Flughafen Schiphol nach Hause kam und ich aus der Schule, fuhren wir stundenlang über die Polder von Nordholland. Und jeden Donnerstagabend fuhr ich, egal ob bei Regen oder schönstem Wetter, mit Licht am Fahrrad zum Velodrom in Alkmaar, um dort zu trainieren – und anschließend fuhr ich spät abends wieder nach Hause. Zwanzig Kilometer hin, zwanzig Kilometer zurück.

An den Wochenenden jobbte ich, um mir etwas Geld für neues Material zu verdienen. Meine Eltern unterstützten mich in jenen Jahren bei allem, aber ich sparte selbst eine Menge dazu. Ich musste unbedingt eine »Campagnolo Record«-Schaltgruppe für mein Rad haben, komplett mit Bremshebeln aus Carbon. Schon seit Monaten hatte ich mit großen Augen vorm Schaufenster des Rahmenherstellers gestanden; 1.600 Gulden sollte eine solche Campa-Gruppe kosten. Ich schälte Birnen, ich hatte einen Job am Kaffeetresen des örtlichen Möbelcenters und ich arbeitete als Erntehelfer auf dem Acker. Weil ich auch trainieren musste, hatte ich ziemlich viel um die Ohren. Manchmal zu viel. Ich weiß noch, wie ich einmal weinend nach Hause kam, nachdem ich den ganzen Vormittag auf einem Blumenfeld malocht hatte. »Mama, Papa, ich bin so müde. Wenn ich jeden Morgen so früh aufstehen muss, schaffe ich es nie zum Radprofi.«

Schließlich fuhr ich bei den Junioren tatsächlich ein Rad mit Campagnolo Record. Selbst bezahlt. Den passenden Satz Carbonlaufräder bekam ich von meinem Onkel gesponsert. Das war eine deutliche Verbesserung. Aber noch viel wichtiger: Ich begann zu wachsen. Und das nicht nur ein bisschen. In kürzester Zeit schoss ich zehn Zentimeter in die Höhe. Ich bemerkte es auf dem Rad, ich war viel stärker als in den Vorjahren. In den ersten Rennen flog ich geradezu. Beim ersten Klassiker der Saison wurde ich gleich Dritter und daraufhin vom zuständigen Verbandstrainer Egon van Kessel in die Nationalmannschaft berufen. Ich durfte mit zu Einsätzen im Ausland, zu Weltcup-Rennen für Junioren. Das erste fand in Polen statt – der Coupe du Grudziądz. Ich wusste beim besten Willen nicht, wo in aller Welt wir da gelandet waren, und das Essen war so widerwärtig, dass wir am Tisch anfingen zu würgen – aber es war großartig.

Einige Monate später fuhr ich als Gastfahrer des Rabobank Junioren-Teams zu einem Weltcup-Rennen in Österreich. Wir waren mit der gesamten Mannschaft in einem Schlafsaal in einem Internat untergebracht. Johnny Hoogerland war in dieser Woche einer meiner Teamkollegen und in dem Rennen lernte ich zum ersten Mal die italienische Armada kennen. Vincenzo Nibali, Giovanni Visconti, Mauro Santambrogio. Sie trugen alle identische Trainingsanzüge und identische Hüfttaschen mitsamt identischen Mobiltelefonen und sie hatten alle die gleiche arrogante Ausstrahlung. Ich war tief, tief beeindruckt. Ich habe sie immer schon gemocht, die italienische Radsportkultur. Nicht diese ängstliche, calvinistische »Benimm dich einfach normal, dann benimmst du dich schon verrückt genug«-Haltung, die in den Niederlanden verbreitet ist – ich sah lieber Radrennfahrer, die mit geschwellter Brust und erhobenem Kinn herumstolzierten. In den Niederlanden wird man als Sportler schief angeschaut, wenn man sich einen

Ferrari kauft, in Italien fragen dich die Leute, warum du keinen Ferrari hast.

Im Spätsommer 2001 unterschrieb ich bei Rabobank. Natürlich unterschrieb ich bei Rabobank. Sie wollten mich für ihr Junioren-Team, und ich für meinen Teil wäre für diesen Vertrag auch auf Knien hingekrochen, wenn es hätte sein müssen. Außerdem wurde ich für meine erste WM nominiert – in Lissabon. Die Junioren waren dort im selben Hotel untergebracht wie die Profis, und ich lief Michael Boogerd und Erik Dekker über den Weg. Sie sagten hallo zu mir und fragten, wie es mir ging. Ich glaube nicht, dass ich mehr als eine verlegene Antwort zustande gebracht habe. Aber das spielte keine Rolle. Dass ich kleiner Bengel da in einem Hotel in Portugal stand und mich mit Fahrern unterhielt, die ich normalerweise nur im Fernsehen sah, war für mich ein tolles Erlebnis. Das Poster über meinem Bett war zum Leben erweckt worden.

Dort, in Lissabon, lernte ich auch Gerrie Knetemann kennen. Er war als technischer Direktor für das Nationalteam der Profis verantwortlich, aber er saß auch in dem Begleitfahrzeug, das beim Zeitfahren hinter mir herfuhr. Vorher nahm er mich zur Seite und wir sprachen lange miteinander. Er schien etwas in mir zu sehen. Und das nicht nur, weil er aus der gleichen Gegend kam wie ich. »Thomas«, sagte er, »du bringst alles mit. Du kannst klettern, du kannst Zeitfahren und ich spüre, dass du bereit bist, alles dafür zu tun. Wir werden noch eine Menge von dir hören, Junge.« Ich schwebte auf Wolke sieben. Es kam mir vor, als wäre an diesem Tag alles wie von selbst gegangen. Als ob ich ständig den Wind im Rücken hatte, wohin ich auch fuhr.

Alle Junioren waren in jenen Tagen in Pleuni Möhlmann verliebt, eine niederländische Radsportlerin, die bei der WM in Lissabon Silber bei den Juniorinnen gewann. Auf der Abschlussparty küssten wir uns. Nach der WM hatten wir noch ein kleines Techtelmechtel, aber es ist nie mehr daraus geworden. Auch zu Hause war ich immer mehr mit Mädchen beschäftigt. Während der Pausen an der Schule schlich ich ständig um die Mädels herum. Ich bemerkte, dass ich Schlag bei ihnen hatte. Ich verstand, was sie wollten. Ich schenkte ihnen Aufmerksamkeit und Zeit. Denn Zeit hatte ich ja genug: Sobald ich mit dem Training fertig war, hatte ich nichts zu tun. Also schrieb ich den Mädchen Nachrichten aufs Handy, ich schrieb ihnen E-Mails, ich rief sie an. Ich führte sie zum Essen aus und ging mit ihnen ins Kino. Eine feste Freundin hatte ich nie. Meist war ich ihnen auch recht schnell wieder überdrüssig. Andere Mütter hatten schließlich auch schöne Töchter... Aber wenn jemand damals behauptet hätte, dass ich mit Hunderten von Frauen ins Bett gehen würde, hätte ich ihn für verrückt erklärt.

Die Schule nahm ich immer weniger ernst. Ich war nach dem dritten Sekundarschuljahr auf eine etwas weniger anspruchsvolle Schulform gewechselt, zur HAVO, blieb dort in der Vierten aber gleich mal sitzen. Und dadurch dass ich im Jahr darauf bei den Junioren von Rabobank fuhr, wurde es sicherlich nicht besser. Ich schwänzte die Schule, um zu trainieren, ich tauchte ohne Bücher und geringste Ahnung vom Stundenplan beim Unterricht auf, und auf die Prüfungsbögen kritzelte ich irgendwelchen Unsinn. Als meine Schwester am Ende des Schuljahres meine Bücher abgab – ich selbst fuhr lieber trainieren –, waren sie immer noch eingeschweißt. Ich hatte nicht ein einziges Mal reingeschaut. Die Schule war in meinen Augen nur sinnlose Zeitverschwendung, ein schwarzes Loch, in dem meine wertvollen Stunden verschwanden. Wenn wenigstens Italienisch auf dem Stundenplan gestanden hätte, da hätte ich vielleicht ein wenig aufgepasst – das könnte ich später gebrauchen, wenn ich Radprofi geworden war. Der Rest konnte mir gestohlen bleiben.

Im Junioren-Team von Rabobank legte ich mich 2002 nur noch mehr ins Zeug. Alles war überaus professionell organisiert. Wir hatten eigene Trainer, eigene Mechaniker und eigene Betreuer, wir fuhren ins Trainingslager, das Material war immer top in Schuss, und ich fuhr in einem Team mit den damals besten niederländischen Junioren, darunter Marc de Maar und Tom Veelers. Aber das größte Talent von allen war ich. Ich war nicht mehr zu stoppen. Ich holte Sieg um Sieg um Sieg um Sieg. Manchmal war es so, als könnte ich gar nicht verlieren. Ich schlug meine Gegner nicht; ich vernichtete sie. Von den sechzig Rennen, die ich in diesem Jahr bestritt, gewann ich 22. Und bei vierzig landete ich auf dem Podium. In der Junioren-Weltrangliste stand ich mit einem Lichtjahr Vorsprung an der Spitze. Mit jedem Sieg wuchs mein Selbstvertrauen. Ich begann zu begreifen, dass ich mehr als nur ein talentierter Radfahrer war. Meine Ambitionen wurden ständig größer, genau wie mein Mundwerk. Ich wollte, dass sich alles um mich drehte. Ich wollte alle Aufmerksamkeit für mich.

Wir trainierten gerade mit dem niederländischen Team für die Heim-WM in Zolder, als ich einen Poller auf der Straße übersah. Ich fuhr direkt dagegen und ging über den Lenker.

Ich fühlte, wie meine Zähne brachen. Ein paar Sekunden lang, bevor ich sieben von ihnen ausspuckte, hörte ich sie in meinem Mund durcheinanderwirbeln wie Murmeln in einer leeren Waschmaschine. Ich habe das Training ganz normal zu Ende gebracht. Mit sieben Zähnen weniger saß ich noch stundenlang im Sattel. Nur essen konnte ich nichts mehr. Abends saß ich dann mit einem irrsinnigen Hungerast beim Zahnarzt.

Durch den Sturz wurde ich lediglich Vierter bei der Zeitfahr-WM. Ich sehe mich selbst noch fahren, beim anschließenden Straßenrennen, an letzter Position der Gruppe, mit einer Jacke über dem Trikot. Das Kameramotorrad fuhr ständig neben mir. Das Rennen wurde live im Fernsehen übertragen, die Kommentatoren sprachen fast nur über mich und meine Chancen. Aber die miese Laune stand mir ins Gesicht geschrieben. Ich fand alles furchtbar: die flache Strecke, auf der man nirgendwo den Unterschied machen konnte, den Sturz, den ich kurz zuvor durchgemacht hatte, dieses Straßenrennen, das zwangsläufig in einem Massensprint enden würde. Ich war komplett angepisst.

Ich erwartete mehr von mir, der Rest der Radsportwelt erwartete mehr von mir. Ich war nicht nur irgendein Talent, ich war verdammt noch mal Thomas Dekker.

6.

Ich nahm das Telefon ab. »Thomas, ich bin's«, sagte meine Mutter. Ihre Stimme zitterte – sie war wütend. Sie hatte einen Anruf von der Schule erhalten. Sie wusste es. Sie wusste, dass ich ihr die Ergebnisse meiner Abschlussprüfung an der HAVO verschwiegen hatte. Sie wusste, dass ich die Briefe von der Schule weggeworfen hatte. Sie wusste, dass ich durchgefallen war. Und sie wusste, dass ich eine Wiederholungsprüfung hätte machen dürfen – und dass ich zu dieser Prüfung nicht erschienen war. Denn ich war nicht da. Ich war in Spanien. Ich war vom Junioren-Team ins U23-Team von Rabobank gewechselt und fand die Lerida-Rundfahrt wichtiger als irgendwelche Prüfungen an der Schule. Meine Eltern wussten, bevor ich nach Spanien abreiste, nicht einmal, dass Wiederholungsprüfungen anstanden – ich hatte ihnen gesagt, dass die Ergebnisse noch nicht da wären. Meine Mutter verlangte von mir, dass ich sofort nach Hause kommen sollte. Ich tat es nicht. Von der Lerida-Rundfahrt reiste ich mit dem U23-Team gleich weiter nach Frankreich, um die Boucles des Mayennes zu bestreiten – erst danach kehrte ich zurück nach Dirkshorn.

Meine Eltern warteten bereits auf mich, als ich nach Hause kam. So wütend hatte ich sie noch nie gesehen. Sie fühlten sich belogen. Das verstand ich. Sie fühlten sich betrogen. Das verstand ich auch. Sie sagten, dass ich meine Zukunft weggeworfen hätte, indem ich nicht zu den Wiederholungsprüfungen angetreten war. Ich nickte erneut: Auch das verstand ich. Aber ich weigerte mich, das zu tun, was sie sich für mich ausgedacht hatten, nämlich nach Den Helder zu gehen, um dort wenigstens noch Teilabschlüsse in Mathematik und Wirtschaftskunde zu machen. Was sie auch sagten, wie sehr sie auch schrien, wie lieb sie mich auch darum baten: Ich habe es strikt abgelehnt. Jedes Mal gab ich ihnen die gleiche Antwort: »Ich gehe nicht zurück zur Schule, ich werde Radprofi.«

In dieser Juniwoche gab es nur einen friedlichen Moment: als mein Vater und ich zu einer langen Trainingsausfahrt hinter dem Motorroller aufbrachen – einmal rund ums IJsselmeer, ein Ritt von 275 Kilometern. Auf halbem Weg hielten wir an. Mein Vater aß einen Backfisch, ich ein Snickers. Danach fuhren wir weiter, konstant über 50 km/h. Die Runde ums IJsselmeer war das letzte lange Training vor der niederländischen U23-Meisterschaft, die in jenem Jahr, 2003, in Rotterdam stattfand und genau ein einziges Hindernis aufwies: eine Brücke. Das war kein Parcours, der für mich gemacht war, und wir hatten vereinbart, dass ich mich für unseren Sprinter Hans Dekkers aufopfern sollte. Aber als ich mich drei Kilometer vor dem Ziel an die Spitze setzte, konnten meine Teamkollegen mein Hinterrad nicht halten. Ich schaute mich um, sah, dass sich eine Lücke aufgetan hatte, und schaltete noch ein, zwei Gänge höher. Niemand kam mehr an mich heran, geschweige denn an mir vorbei. Am Abend, als ich nach Hause kam, war unsere Straße geschmückt. Das halbe Dorf wartete auf mich. Wir feierten und wir tranken Bier. Spät am Abend saß ich meinen Eltern gegenüber auf der Couch. »Wenn du nicht mehr zur Schule gehen willst und dir tausend Prozent sicher bist, dass du Radrennfahrer werden willst, dann soll es wohl so sein«, sagte mein Vater. Meine Mutter nickte und gab klein bei.

Für meine Eltern war der schönste Teil meiner Karriere damit eigentlich bereits vorbei. Von diesem Moment an ging ich mehr und mehr meinen eigenen Weg. Ich wusste, was ich wollte; niemand kam mehr zwischen mich und mein Rad. Ich nahm egoistische Züge an, ich bekam eitle Anwandlungen. Ich sehe mich noch selbst, wie ich im tiefsten Winter spät in der Nacht in der Schlange vorm Jimmo Woo stehe, einer Amsterdamer Discothek. Ich war mit ein paar Freunden unterwegs: alle kaum zwanzig Jahre alt. Nachdem wir eine Stunde frierend wie die Schneider in der Kälte gestanden hatten, waren wir endlich an der Reihe. Aber der Türsteher ließ uns nicht rein. Eine solche Discothek wartet nun mal nicht auf ein paar angetrunkene Jugendliche. Ich war wütend. Ich schimpfte, ich tobte, ich brüllte: »Weißt du eigentlich, wen du vor dir hast? Weißt du, wer ich bin? Ich bin Thomas Dekker!« Natürlich sagte ihm mein Name nicht das Geringste. Aber das kümmerte mich nicht. Ich war ein Star, nur der Rest der Welt wusste noch nichts davon.

Ich nutzte andere Menschen aus, um mich von ihnen bedienen zu lassen. Als ich noch zur Schule ging, schmierte mir meine Mutter jahrelang jeden Morgen die Butterbrote. Und wenn meine Mutter nicht da war oder wenn sie früh zur Arbeit musste, ließ ich es meine Schwester tun. Sie taten es für mich, sie machten es aus Liebe. Und ich? Ich ließ es einfach so geschehen. Damit nicht genug: Ich merkte, dass ich gut darin war, andere Menschen für meine Karriere einzuspannen. Ich fragte, ich forderte, ich manipulierte. Und ich fand das auch nur logisch: Ich selbst konnte meine Energie besser auf dem Fahrrad einsetzen.

Meine asoziale Seite hatte übrigens auch ein Gegenstück: Ich kaufte jedes Mal Geschenke für meine Eltern und meine Schwester, wenn ich im Ausland war. Und ich gab Floor das ganze Kleingeld an Prämien, das ich bei den Rennen einfuhr. Ich nahm sie mit zu Partys, ich passte auf sie auf, wie ein großer Bruder auf seine Schwester aufpasst. Und als sie achtzehn wurde, kaufte ich ihr vom Gehalt meines ersten Profivertrags ein Auto. Aus Liebe, nicht um irgendetwas wiedergutzumachen.

Im August 2003 wurde ich niederländischer U23-Meister im Zeitfahren. Ich fand das völlig normal. Auch, dass ich den Prolog der Ster Elektro-Tour gewann, wo wir als U23-Mannschaft inmitten der Profis fuhren. Es war ein Rundkurs von fünf Kilometern in Veldhoven, mit Start und Ziel auf regennassem Kopfsteinpflaster. Ich war kein Held im Regen: Unsicher eierte ich durch die Kurven. Aber als ich die Ziellinie überquerte, hatte ich die bis dato schnellste Zeit erreicht. Und danach kam niemand mehr an meine Zeit heran. Auch Fabian Cancellara nicht; der lag auf Platz zwei. Ich weiß noch genau, wie Huub Duyn, ein Freund von mir, der für ein anderes Team fuhr, sich die Ergebnisliste anschaute und sah, dass ich gewonnen hatte. »Was zum Teufel hast du gemacht, Thomas?«, rief er. Aber persönlich empfand ich es gar nicht mal als etwas Besonderes. Ich dachte nicht groß darüber nach, dass ich erst achtzehn war. Es ging alles so einfach, so erschreckend einfach.

Es war, als würde ich bei jedem Versuch einen Sechser-Pasch würfeln. Als ob das Leben ein Sudoku war, das sich von selbst löste, wenn ich es nur anschaute. So wie ich später alles falsch machte, was man nur falsch machen konnte, schien zu jener Zeit jede Wahl, die ich traf, goldrichtig zu sein. Ich machte, was ich wollte, und ich kam damit durch. Ich lebte für den Radsport, aber das war auch nicht schwer, weil ich so oft gewann. Ich war wie ein Hund, der Leckerlis als Belohnung für ein Kunststück bekam: Jedes Mal, wenn ich etwas investierte, bekam ich es zweifach oder dreifach zurück. In einer solchen Situation ist hartes Training kein Opfer, sondern eher eine Sucht. Rückschläge erlebte ich nie oder kaum einmal – eigentlich nur bei einem der seltenen Stürze: ein gebrochener Mittelhandknochen im Frühjahr 2003, fünf ausgeschlagene Zähne, als ich bei der Tour de l'Avenir 2004 im Gelben Trikot fuhr. Aber das waren nicht mehr als kleine Unebenheiten auf meinem Weg. Vom allerersten Augenblick an lief meine Entwicklung kometenhaft, ohne einen nennenswerten Rückschlag.

Ich wusste, was ich konnte, ich wusste, was ich wollte – obwohl ich doch einer der jüngsten Fahrer im Team war. Das U23-Peloton dominierten wir als Kollektiv: Es gab keine andere Mannschaft mit so viel Talent. Wir gingen mit Fahrern wie Pieter Weening, Koen de Kort, Ryder Hesjedal, Bernhard Kohl, Rory Sutherland und Laurens ten Dam an den Start. Oft konnten wir uns aussuchen, wer von uns gewann.

Hin und wieder musste ich einen Sieg herschenken, damit andere aus dem Team auch mal gewinnen konnten. Manchmal tat ich es, manchmal nicht. Ich gewann die Normandie-Rundfahrt, die Triptyque des Monts et Châteaux, die Thüringen-Rundfahrt – direkt hintereinander. Aber Hass und Neid vonseiten meiner Teamkollegen habe ich selten verspürt. Vielleicht gab es so was auch dort und ich merkte es nur nicht, vielleicht hielt es sich tatsächlich in Grenzen, weil viele meiner Teamkollegen genau gewusst haben dürften, dass ich sowieso bald zu den großen Jungs von Rabobank wechseln würde. Ich war kein Konkurrent von ihnen; ich stand deutlich über ihnen in der Hackordnung und genauso verhielt ich mich auch in den Rennen. Bei der Straßen-WM 2003 in Hamilton tat ich den ganzen Tag nichts; erst im Finale fing ich an, richtig Rennen zu fahren. Zusammen mit Markus Fothen schloss ich in einem Rutsch zur Spitzengruppe auf und wurde Dritter. Einige andere Jungs im Team waren sauer, dass ich am Anfang des Rennens nicht mitgearbeitet hatte. Es kümmerte mich einen Scheißdreck – ich antwortete nicht einmal darauf. Ich bestimmte selbst, was ich tat, da konnten sie reden, was sie wollten.

Immer öfter fuhren wir mit dem U23-Team von Rabobank nun zwischen den richtigen Profis. Im Frühjahr 2004 trainierten wir in Portugal – und bestritten dann die Algarve-Rundfahrt. Ich hatte dieses Rennen in meinem Kalender rot eingekreist. Den ganzen Winter hatte ich darauf hingearbeitet, und ich hatte sogar die Strecke des Zeitfahrens erkundet, weil ich wusste, wer dort noch am Start stehen würde: Lance Armstrong. Er war zu diesem Zeitpunkt fünffacher Tour-de-

France-Sieger, und ich brannte darauf, mich mit ihm zu messen. Als ich während einer der ersten Etappen zufällig neben ihm fuhr, sprach er mich an. Nichts Besonderes, nur eine joviale Plauderei. Er habe schon viel von mir gehört, sagte er. »Ich auch von dir«, entgegnete ich. Ich war ehrlich gesagt eher ein Fan von Jan Ullrich, aber ich empfand es doch als Ehre, dass der fünfmalige Tour-Sieger mich erkannte – und mich als Gegner wahrnahm. Ich fand Armstrong interessant. Und sei es nur wegen seiner Ausstrahlung und seiner Entourage. Manchmal, wenn gerade das Tempo im Feld etwas raus war, hielt ich absichtlich kurz am Straßenrand, um zu pinkeln. Denn so konnte ich, wenn ich danach wieder zum Feld aufschloss, im Vorbeifahren einen Blick ins Teamfahrzeug von US Postal werfen: auf Sheryl Crow, Armstrongs damalige Freundin, die jeden Tag an der Seite von Teammanager Johan Bruyneel hinter dem Peloton herfuhr.

Obwohl ich im Zeitfahren sieben Fahrer überholte, die vor mir gestartet waren, kam ich am Ende mit 19 Sekunden Rückstand auf Armstrong auf Platz vier. Einen Tag später, bei einer Etappe mit Bergankunft, zog ich an ihm vorbei. Im Schlussklassement wurde ich Vierter, er Fünfter. Nach dem Ende des Rennens brachen wir mit dem gesamten Peloton zum Flughafen auf. Alle bestiegen eine normale Linienmaschine, nur Armstrong stieg in seinen Privatjet. Diese Art von Selbstdarstellung gefiel mir. Es war reine Schau, eine Möglichkeit, den Rest des Feldes einzuschüchtern. Er war der Gorilla, der sich am kräftigsten auf die Brust trommeln konnte. Ich war schwer beeindruckt, ähnlich wie ein paar Jahre zuvor durch das italienische Junioren-Team um Nibali. Für mich gehörte so was dazu. Ich wollte keine graue Maus sein, die schnell Fahrrad fuhr. Ich wollte einer der größten Gorillas sein – auf und neben dem Rad. Ich wollte die Hauptrolle in jedem Stück, in dem ich mitspielte. Ich wollte nicht warten, ich wollte meinen Weg nicht behutsam Schritt für Schritt gehen. In jenem Jahr verschwendete ich nicht mal einen Gedanken daran, die niederländische U23-Meisterschaft im Zeitfahren zu bestreiten; ich wollte auf jeden Fall bei den Profis antreten. Meinem *directeur sportif* Nico Verhoeven sagte ich vor dem Start, dass ich gewinnen würde. Und ich gewann.

Im Herbst 2004 wurde ich zusammen mit meinem Rabobank-Teamkollegen Koen de Kort zum Grand Prix Eddy Merckx eingeladen – einem Paarzeitfahren in Brüssel. Dass wir als U23-Fahrer dort antreten durften, war an sich bereits eine Ehre; die anderen Paare bestanden fast alle aus namhaften Siegfahrern. Aber zwischen den großen Männern zu starten, genügte mir nicht. Ich wollte mehr. Und ich konnte mehr. Meine Beine waren so leicht, ich spürte sie kaum. Koen starb an meinem Hinterrad, vierzig Kilometer lang. Wir holten Fahrer ein, die weit vor uns gestartet waren. Im Ziel waren wir die Schnellsten, und auch die Zweierteams, die nach uns gestartet waren, holten unsere Zeit nicht mehr ein. Erik Dekker und Marc Wauters nicht, Jens Voigt und Bobby Julich nicht, Uwe Peschel und Michael Rich nicht, George Hincapie und Wjatscheslaw Jekimow nicht. Auf dem Podium schauten Peschel und Rich aus der Wäsche wie sieben Tage Regenwetter. Sie fühlten sich verschaukelt. Die Rennleitung, die Kommentatoren und Journalisten wussten nicht so recht, was sie mit uns anfangen sollten. Einige dachten, dass wir irgendwo ein Stück der Strecke abgekürzt hätten, weil sie es nicht für möglich hielten, dass zwei Jungs alle großen Namen geschlagen hatten. Diese Vorwürfe konnten mir nichts anhaben. Ich fand es lächerlich. Selbst wenn ich hätte abkürzen können, hätte ich nie im Leben daran gedacht. Warum sollte ich eine Abkürzung nehmen, wenn ich auch regelgerecht gewinnen konnte?

Im selben Jahr waren die Olympischen Spiele in Athen. Erik Dekker wollte das Zeitfahren bestreiten, aber Nationaltrainer Gerrie Knetemann überging ihn. Er entschied sich für einen anderen Dekker: für mich. Erik war wütend, aber für Knetemann war die Sache ganz einfach: Ich war Niederländischer Meister, also würde ich bei den Spielen fahren. Und so stand ich ein paar Wochen später mit einem orangen Koffer am Flughafen Schiphol. In Athen war es glühend heiß. Der Asphalt schmolz in der Sonne, ich badete in meinem eigenen Schweiß. Ein Bus brachte mich ins Olympische Dorf. Ich verzog keine Miene, aber als ich mich umschaute, verschlug es mir die Sprache. Schon allein den Speisesaal fand ich großartig: all die vielen Sportler, die durcheinandersaßen und Essen in sich reinschaufelten. Es hieß, dass ich mir das Zimmer mit einem anderen Radsportler teilen würde. Als ich die Tür öffnete, sah ich, wer es war: Michael Boogerd. Zu Hause hing noch immer sein Poster über meinem Bett, in Athen lag er im Bett neben mir. Ein paar Tage zuvor, im Straßenrennen, war er gestürzt. Er sah aus wie das Michelin-Männchen: überall Bandagen und Mullbinden. Ich fragte, wie es ihm ging. Er sagte: »Ach, geht schon, Kleiner – alles bestens.« Und: »Pack deinen Koffer aus, leg dich hin, fühl dich wie zu Hause.«

Boogerd war sympathisch, aber viel Kontakt hatten wir nicht. Unsere Welten lagen lichtjahreweit auseinander. Er ging mit Karsten Kroon zu einem Konzert von Tiësto, ich machte mir Sorgen, wenn ich um halb elf noch nicht im Bett lag. Das Zeitfahren lief nicht gerade so, dass man damit hätte angeben können. Vielleicht war das auch zu viel verlangt: In einem so wichtigen Rennen konnte ich noch nicht mit den Besten der Welt mithalten. Ich wurde Zwanzigster. Knetemann war zufrieden: »Schau dich gut um, Junge, jetzt kannst du es dir noch leisten. Das nächste Mal, wenn du hier bist, fährst du mit um die Medaillen.«

Ich war Alice im Wunderland. Ein A-Jugendlicher in der ersten Elf von Ajax. Ich gehörte schon dazu, aber irgendwie auch nicht. Ich fuhr in den Rennen gegen hochbezahlte Profis, hin und wieder schlug ich sie sogar, aber zur gleichen Zeit war ich ein Rookie mit einem Vertrag bei einer U23-Mannschaft. 2003 kassierte ich ein Jahresgehalt von 5.000 Euro; inklusive aller Preisgelder und Prämien kam ich auf insgesamt 25.000 Euro. Weil ich so gut fuhr, wollte ich für 2004 eine Gehaltserhöhung. Ich fand, dass mir das zustand, also fuhr ich mit meinem Vater nach Breda, um in einem schicken Restaurant mit Jan Raas und Piet Hubert von Rabobank zu verhandeln. Sie boten mir 15.000 pro Jahr, ich wollte 20.000. Raas und Hubert schickten mich vor die Tür und ließen mich lange warten. Ich tigerte den Gang auf und ab, setzte mich hundert Mal hin, nur um gleich wieder aufzustehen. Nach einer Ewigkeit riefen sie mich wieder rein. Wir einigten uns auf 17.500 Euro, die goldene Mitte. Ich war glücklich und erleichtert, aber im Nachhinein denke ich, dass sich die beiden ganz schön ins Fäustchen gelacht haben dürften. Ein junger Bursche, der ein paar Tausend Euro mehr wollte – warum in Gottesnamen stellten sie sich so an? Sie wussten doch auch, dass eine solche Summe ein Hungerlohn war im Vergleich zu den Verträgen in den Saisons danach. Vielleicht taten sie es als erzieherische Maßnahme. Um mich wissen zu lassen, dass man mit kleinen Gehaltserhöhungen auch glücklich sein konnte.

Dass ich im Jahr darauf, 2005, Profi bei Rabobank werden würde, stand fest. Aber ich durfte schon im Jahr 2004 mal daran schnuppern. Gegen Ende der Saison durfte ich einige Rennen als *stagaire* im Profiteam mitfahren: den Grand Prix de Fourmies, die Rheinland-Pfalz-Rundfahrt und die Coppa Sabatini. Es war ein Test für das Team – und für mich. Ich durfte eine andere Welt betreten. Ich durfte im Tiefen schwimmen. Zwar noch mit den Schwimmflügeln meines U23-Vertrags, aber immerhin.

7.

Ich betrete das Hotelzimmer, meinen Rollkoffer ziehe ich wie einen Hund hinter mir her. Es gibt zwei Betten. Eines ist leer. Auf dem anderen sitzt Steven de Jongh – er ist bei der Rheinland-Pfalz-Rundfahrt mein Teamkollege und Zimmergenosse. Ich sage ihm hallo. Er nickt mir zu. Dann schaltet er den Fernseher um, auf einen Pay-TV-Sender – ich sehe nacktes, pumpendes Fleisch und höre es stöhnen. Steven nimmt zwei Handtücher, wirft mir eines zu und sagt: »Erst mal einen runterholen.«

Ich weiß nicht, was ich sagen soll. Ich stehe da, die Jacke noch an, meinen Koffer in der Hand. Es ist das erste Mal, dass ich mit dem Profiteam bei einem Etappenrennen an den Start gehen werde. Es ist das erste Mal, dass ich eine ganze Woche lang mit den großen Jungs zusammenlebe. Ich kenne Steven kaum: eigentlich nur aus dem Fernsehen. Sie haben mich mit ihm zusammen aufs Zimmer gelegt, weil er erfahren ist und wie ich aus Nordholland stammt. Das schaffe eine Verbindung, hieß es. Er soll mir erzählen, wie es ist, ein Profi zu sein. Bisher hatte ich schließlich nur im Kinderbecken brilliert; erst das Profi-Peloton wäre wie Schwimmen im Tiefen. Und Fahrer wie Steven sollen meine Schwimmlehrer sein. Ich schaue zu ihm auf. Das erste Mal, dass ich zusammen mit ihm auf einem

Zimmer untergebracht sein würde, hatte ich mir irgendwie anders vorgestellt. Ich dachte, ich würde einen Handschlag bekommen, kein Handtuch.

Ich stelle meinen Koffer ab, ziehe meine Hose runter und setze mich aufs Bett. Und ich versuche, mich auf das nackte Fleisch und das Stöhnen zu konzentrieren. Wenn dies ein Test ist, möchte ich nicht durchfallen. Ich mache mit.

Was muss, das muss.

Ein paar Tage später bekomme ich abends nach einer Etappe meine erste Injektion vom Teamarzt. Geert Leinders heißt der Mann, ein Belgier. Er arbeitet seit Jahren für Rabobank. Er ist ein kluger, zurückhaltender Mann, der mir in aller Ruhe erklärt, was er mir injizieren wird. Actovegin, ein Kälberblut-Extrakt. Es steht nicht auf der Dopingliste. Es enthält Aminosäuren zur Regeneration. Leinders fragt mich, ob ich seine Ausführungen verstanden habe. »Klar«, sage ich. Ehrlich gesagt finde ich es schon heftig, so eine Spritze im Arm zu haben. Es fühlt sich sehr professionell an.

Das Rennen selbst empfinde ich seltsamerweise nicht als sonderlich anders als in der U23. Es gibt mehr starke Fahrer, aber ich werde auch nicht aus den Schuhen gefahren. Im Gegenteil. Auf der zweiten Etappe setzen wir uns an einem Anstieg mit sechs Mann ab. Mein Teamkollege Erik Dekker ist auch mit dabei. Er sagt mir, dass ich mich auf die Bergpunkte konzentrieren solle: »Dann kannst du vielleicht das Bergtrikot übernehmen.« Doch von der Bergwertung will ich gar nichts wissen. Was soll ich mit dem Bergtrikot der Rheinland-Pfalz-Rundfahrt? Das Einzige, was mich interessiert, ist, diese

Etappe zu gewinnen. Und so sprinte ich erst gar nicht mit um die Bergpunkte. Ungefähr zehn Kilometer vor dem Ziel greife ich an. Niemand reagiert – oder niemand kann mehr reagieren; das ist auch möglich. Kurz vor dem Ziel schaue ich mich um: Die Straße, soweit ich sie überblicken kann, ist leer. Ich strecke meine Arme in die Höhe. Aber ich bin nicht euphorisch. Ebenso wenig bin ich überrascht. Ich bin so daran gewöhnt, zu gewinnen, dass es sich ganz normal anfühlt. Abends, am Essenstisch, wird mein Sieg gefeiert. Nicht wirklich überschwänglich, nur ein paar Flaschen Wein, mehr nicht. Erst im Nachhinein wird mir klar, welch besonderes Ereignis dies war, ein junger Fahrer, der gleich in seinem ersten Etappenrennen als *stagaire* eine Etappe gewinnt. Aber in diesem Moment bin ich noch nicht so weit. Wenn andere mir sagen, dass es etwas Außergewöhnliches ist, zucke ich nur mit den Schultern.

Nach der letzten Etappe der Rheinland-Pfalz-Rundfahrt, bei der ich noch mal Zweiter werde, reise ich mit den Profis weiter zur Coppa Sabatini – einem italienischen Vorbereitungsrennen für die WM. In den Tagen vor dem Rennen teile ich mir ein Zimmer mit Michael Rasmussen. Ein seltsamer Kauz. Er sagt kaum ein Wort und ist den ganzen Tag am liebsten für sich allein. Und er isst fast nichts. Ich kann seine Knochen durch sein T-Shirt hindurchschimmern sehen. Ein paar Tage vor dem Rennen drehen wir eine Trainingsrunde über den Monte Serra. Es ist sehr heiß, aber Rasmussen fährt mit Beinlingen und zwei Jacken übereinander. Er müsse sich »ordentlich einschwitzen«, sagt er. Was das bedeutet, weiß ich zu diesem Zeitpunkt noch nicht.

Bei der Coppa Sabatini fahre ich einem Peloton voller großer Stars. Jan Ullrich, Francesco Casagrande, Franco Pellizotti, Stefano Garzelli, Michael Boogerd – sie alle bereiten sich hier auf die Weltmeisterschaften vor, die eine Woche später in Verona stattfinden. Ullrich gewinnt, ich werde Sechster. Ich würde am liebsten gleich eine Woche später im WM-Rennen der Profis Revanche nehmen, doch ich starte in der U23, weil ich unbedingt Weltmeister werden will. Aber das werde ich nicht. Das Zeitfahren beende ich auf Platz zwei, hinter Janez Brajkovic (und vor Vincenzo Nibali). Es ist die größte Enttäuschung meiner Karriere – weil ich nicht damit gerechnet habe, dass ich auch einmal nicht gewinnen könnte. Bei der Siegerehrung muss ich mich beherrschen, um die Silbermedaille nicht einfach wegzuwerfen. Und als ich ins Hotel zurückkomme, sitze ich minutenlang weinend auf der Bettkante. Ein paar Tage später, im Straßenrennen, werde ich schon wieder Zweiter. Es ist wie verhext. Aber im Finale bin ich einfach zu spät dran, um den zuvor ausgerissenen Weißrussen Kanstanzin Siuzou noch einzuholen.

Am Abend ziehe ich mit meinen Teamkollegen und meiner Schwester los – sie ist nach Verona gekommen, um mich anzufeuern. Ich bin frustriert, und ich möchte meine zweiten Plätze im Alkohol ertränken. Es gibt eine Party in einer Disco in Verona, zu der viele Radrennfahrer gehen. Es wird eine Menge getrunken und getanzt: Für viele Fahrer ist die Saison vorüber. Mario Cipollini kommt auf mich zu. Er kennt mich. Er sagt mir, dass ich das Zeug habe, ein großer Star zu werden. Dann fängt er an zu erzählen, wie gut er selbst früher war. Ich fühle, dass ich dazugehöre. Dass ich mir einen Namen im Radsport mache. Das schmeichelt meinem Ego. Ich merke, wie viel mir Status bedeutet. Dass ich anerkannt werden möchte und dass ich erkannt werden möchte. Dass ich von den bedeutenden Männern dieses Sports ernst genommen werden möchte. Ich habe in diesem Jahr meine ersten Profi-Siege eingefahren und mir meine erste Injektion setzen lassen. Hier, in dieser Discothek, ist es, als würde ich nun definitiv in eine andere Welt hinüberwechseln. Meine Zeit bei den kleinen Fischen ist vorbei, ich bin meine letzte WM in der U23 gefahren, es wartet ein anderes Peloton mit einem ganz anderen Sittenkodex auf mich.

Spät in der Nacht laufe ich Elisa Basso über den Weg. Sie ist die Schwester von Ivan Basso, aber sie ist komplett anders als er. Ivan ist ein sanfter Junge mit Bambi-Augen, Elisa ist ein Vamp. Sie ist immer auf der Jagd. Sie hat eine Beziehung mit Eddy Mazzoleni, der in diesem Jahr für Saeco fährt. Aber sie treibt es mit jedem, höre ich später. Das ist mir egal. Sie ist schön, sie ist älter als ich, sie ist bei dieser WM eine der Hostessen bei den Siegerehrungen. Ich bin auch vorher schon mit einigen Frauen ins Bett gestiegen, aber sie ist die Bestätigung meines Status. Ich fühle mich geschmeichelt, dass sie mich will. Sie nimmt meine Hand und zieht mich nach draußen, ohne etwas zu sagen. Sie hält ein Taxi an. Wir fahren in ihr Hotel. Dort angekommen, führt sie mich zu ihrem Hotelzimmer, direkt in ihr Bett.

8.

Sein Händedruck ist fest. Sein Haar ist so schwarz, dass es aussieht, als wäre es gefärbt, und er trägt es streng nach hinten gekämmt. Er redet viel und schnell. Jacques Hanegraaf sitzt bei uns im Wohnzimmer, auf der Bank gegenüber. Er ist nach Dirkshorn gekommen, in einem dunklen Volvo, um sich mir und meinen Eltern vorzustellen. Er vertritt Radrennfahrer. Er verhandelt für sie, er berät sie in finanziellen Fragen, er regelt die Steuerangelegenheiten. Aber er ist auch Manager mehrerer Radsport-Teams gewesen – unter anderen bei Farm Frites und beim Team Coast. Er kennt jeden im Radsport, und jeder kennt ihn.

Den Kontakt zu ihm hat Gerrie Knetemann hergestellt, der Nationaltrainer. Ich könnte gut einen Manager gebrauchen, meinte Gerrie, für die Verträge und das Finanzielle – dann könnte ich mich voll und ganz auf die sportliche Seite meiner Karriere konzentrieren. Mit den besten Absichten empfahl er mir Hanegraaf. Er sagte: »Der Mann ist aalglatt, aber gut.«

Es ist November 2004, als Jacques bei uns zu Hause im Wohnzimmer sitzt. Wir sitzen am Esstisch. Ich trinke eine Limo, er und meine Eltern Kaffee. Ich bin nervös, irgendetwas an ihm macht mir ein ungutes Gefühl. Er redet den ganzen

Abend. Er hat eine gute Geschichte zu erzählen. Er sagt, dass ich extrem viel Talent habe und es nur eine Frage der Zeit sei, ehe ich die größten Rennen der Welt gewinnen würde. Aber es würden nun mal auch eine Menge andere Dinge dazugehören. Profi zu sein, bedeute nicht nur trainieren, essen, schlafen und Rennen fahren – es gebe auch viele Nebenschauplätze zu beackern. Die Verhandlungen mit Teammanagern, Verträge mit Sponsoren, der Umgang mit den Medien – um nur ein paar Beispiele zu nennen. Ich bräuchte Menschen, die mich unterstützen. Ich bräuchte jemand, auf den ich jederzeit zurückgreifen könnte. Mit diesem »jemand« meint er sich selbst.

Er umgarnt mich und meine Eltern. Er macht große Versprechungen. Er appelliert an meinen Verstand, sagt mir, dass ich jetzt schon einer der gefragten Männer im Peloton sei. Alle Teams wollten mich unbedingt haben. Die Zukunft, das sei ich. Bei Rabobank sollten sie lieber Gott auf ihren nackten Knien danken, dass ich für sie fahren wolle. Und diese Dankbarkeit sollte sich Jacques zufolge auch in barer Münze ausdrücken. Ich müsste in meinem ersten Jahr als Profi mindestens zweihunderttausend Euro verdienen. Er erwischt mich an einem wunden Punkt; es ist genau das, was ich hören will. Er macht mich groß, er macht mich wichtig. Ich beschließe, mich mit ihm zusammenzutun. Wir sind uns einig, dass er versuchen wird, zweihunderttausend Euro für mich herauszuschlagen.

Es gibt nur ein Problem: Ich habe im Mai bereits einen Zwei-Jahres-Vertrag bei Rabobank unterschrieben, für die Saisons 2005 und 2006 – und zwar für hunderttausend Euro im Jahr. Jacques findet das viel zu wenig. Er redet auf mich ein, dass ich mich damit nicht zufriedengeben darf. Dass wir versuchen sollten, den Vertrag aufzulösen. Und es funktioniert. Ich bin empfänglich für seine Worte. Als ich den Vertrag unterschrieben habe, fand ich hunderttausend Euro eine Menge Geld; aber Jacques schürt Unzufriedenheit in mir. Seine Worte wirken auf mich wie ein rotes Tuch auf einen Stier. Ein Schalter legt sich um. Ich habe das Gefühl, dass die Dinge endlich die nötige Schärfe erhalten. Dies ist etwas anderes, als mit meinem Vater nach Breda zu fahren und mit pochendem Herzen und schlotternden Knien um ein paar tausend Euro mehr zu bitten. Jetzt geht es um richtiges Geld. Hunderttausend sind nicht genug. Meine Eltern können es nicht verstehen. Für sie sind hunderttausend Euro sehr viel Geld. Erst recht für einen so jungen Kerl wie mich. Aber sie haben ihren Einfluss auf mich schon verloren. Ich bin nicht so wie sie. Ich will mehr. Als Jacques am Ende des Abends in seinen Volvo steigt, hat er einen Keil zwischen mich und Rabobank getrieben.

Mehr, mehr, mehr – in meinem Inneren hauste ein Gefühl der chronischen Unzufriedenheit, aber es war bisher nicht mehr als ein Funke gewesen, der hin und wieder kurz aufloderte. Mit Jacques als Manager wird aus dem Funken ein Flächenbrand. Er und ich, das ist 1 + 1 = 3. Ich will Geld, er will Geld. Von allem, was ich verdiene – Gehälter, Boni, Startgelder – bekommt er zehn Prozent zuzüglich Mehrwertsteuer. Und Geduld kennen wir nicht. Mit Jacques mache ich keine langfristigen Pläne, wir schauen nicht in die Zukunft, wir reden nicht darüber, wo ich vielleicht in fünf oder zehn Jahren stehe. Keine Geduld. Bloß nicht warten. Nicht erst mal ein paar Jahre Profi sein. Wir wollen es jetzt.

Auf Anraten von Jacques ziehe ich kurz darauf nach Belgien. Nach Lanaken, kurz hinter der Grenze bei Maastricht. Dort leben mehrere niederländische Radprofis. Ich kann dort besser trainieren als in Nordholland und außerdem ist es steuertechnisch erheblich interessanter.

Jacques macht sich daran, meinen Vertrag mit Rabobank aufzulösen, bevor dieser offiziell überhaupt in Kraft getreten ist. Er schlägt vor, dass sie mein Gehalt verdoppeln: von hunderttausend auf zweihunderttausend Euro. Aber Theo de Rooij, der inzwischen Jan Raas als Teammanager abgelöst hat, geht nicht darauf ein. Er sagt, ich hätte einen gültigen Vertrag unterschrieben und dass hunderttausend Euro für einen Jungen von zwanzig Jahren doch sehr viel Geld seien. Ich solle erst mal eine komplette Saison als Profi fahren. Hanegraaf ist wütend. Und ich mithin auch. Ich fühle mich nicht wertgeschätzt. Ich empfinde sie als geizig, die Leute von Rabobank. Was glauben die eigentlich, wer sie sind?

Ich bin immer noch ein Kind. Ich habe eine komplette Packung Kekse aufgegessen, aber ich will noch mehr. Und wenn ich nicht bekomme, was ich will, fange ich an zu quengeln. Es ist nicht genug, es ist nie genug. Das Gefühl, immer mehr zu wollen: Es frisst sich in meinen Körper hinein. Ich bin infiziert. Infiziert mit chronischer Unzufriedenheit.

9.

Es ist eine Fleischbeschau. Die Mädchen kommen, um sich vorzustellen, eine nach der anderen. Sie haben Namen, die klingen, als wären sie direkt aus einem Porno-Film übernommen worden. Sie tragen High Heels und Röcke so kurz, dass man sich nicht bücken muss, um darunter zu schauen. Unsere Geilheit hallt wider in der Tiefe ihrer Dekolletés.

Wir sitzen mit einer Handvoll Radrennfahrer an der Bar, wir trinken Bier und Cocktails und wir besprechen, wer welches Mädchen nimmt. Ich finde es spannend, fühle mich aber zugleich ein wenig verlegen und unbehaglich. Es ist das erste Mal, dass ich ins Bordell gehe. Der Club heißt Sauna Diana; er liegt in der Nähe des Hotels, in dem wir für das erste Trainingslager des Winters untergebracht sind. Es ist Anfang Dezember 2004 – nicht mehr lange hin und ich starte in meine erste Saison als Radprofi. Ein Trainingslager mit den Profis von Rabobank ist etwas anderes als ein Trainingslager mit den Junioren oder der U23 von Rabobank, stelle ich fest. Ich hatte gedacht, alles wäre seriöser, aber genau das Gegenteil ist der Fall. Es geht hier um mehr als Radfahren allein.

Ein Trainingslager mit den Profis besteht aus zwei Teilen. Tagsüber brettern wir mit dem Mountainbike über schlammige Waldwege, abends wird gesoffen. In den Jahren zuvor hatte ich die Regel, dass ich zwischen dem 1. Januar und dem 1. Oktober nicht einen Tropfen Alkohol anrührte, mit Ausnahme der Feier nach der niederländischen Landesmeisterschaft – höchstens in den Wintermonaten zog ich ein paar Mal los. Und bestimmt nicht, wenn am nächsten Tag ein hartes Training anstand. Aber bei den Profis steht während des Trainingslagers beim Essen Wein auf dem Tisch, und jeden Abend wird in einer Bar gesoffen. Die Fahrer ziehen um die Häuser und niemand stört sich daran. Es gehört anscheinend dazu. Mir kommt gar nicht erst der Gedanke, vielleicht nein zu sagen, als Michael Boogerd mich fragt, ob ich mit in den Puff komme. Ich fühle mich geehrt, dass ich mitdarf. Und so sitzen wir ein wenig später zu fünft im Auto, auf dem Weg zur Sauna Diana. Am Eingang schütteln uns die Besitzer, die Brüder Simons, die Hand. Sie kennen jeden mit Namen.

Das Mädchen, das ich auswähle, ist eigentlich eher eine Frau. Sie ist vielleicht vierzig, blond, und sie ist nett zu mir. In dem Moment sehe ich keine tiefere Bedeutung darin, dass ich eine Frau aussuche, die zwanzig Jahre älter ist als ich, aber im Nachhinein erscheint es logisch: Ich stehe auf ältere Frauen. Wir schwimmen zunächst für eine halbe Stunde, dann gehen wir auf ihr Zimmer. Als wir fertig sind, gehe ich nach unten. In der Bar warten die anderen Fahrer schon auf mich. Wir zahlen und fahren zurück zum Hotel. Am nächsten Morgen brettern wir wieder mit dem Mountainbike über schlammige Waldwege.

Der Winter vor meiner ersten Profi-Saison ist eine einzige Serie von Trainingslagern. Zwischen den Trainingslagern mit dem

Team fliege ich auf eigene Faust nach Mallorca. Ich trainiere mir den Buckel krumm, jeden Tag aufs Neue. Ich absolviere Trainingswochen von 35 oder 40 Stunden im Sattel. Ich brenne vor Ehrgeiz, ich will mich vom allerersten Rennen an beweisen.

In den Trainingslagern mit Rabobank in Spanien bin ich einer der Besten. Bei den Tests am Col de Rates hänge ich alle anderen ab. Aber ich will mich auch abends und nachts nicht lumpen lassen: Wenn gesoffen wird, bin ich dabei. Ich lebe von einem Extrem ins andere; aber ich merke, dass ich beim Alkohol nicht ganz so extrem bin wie beim Radfahren. Ich trinke jetzt auch mal einen Wein, aber in der Regel ziehe ich süße Mixgetränke vor. Wir gehen in zwielichtige spanische Bars – im Sommer platzen solche Läden aus allen Nähten, die Leute hängen einander so eng auf der Pelle wie Sardinen in der Konservenbüchse, aber im Winter verirren sich nur wenige Menschen hierher: einige Radrennfahrer in Trainingsanzügen und ein paar Betrunkene. Wir kippen uns einen hinter die Binde, wir lallen dummes Zeug, wir werden auf die Straße gesetzt, weil wir uns daneben benehmen, wir kotzen an Bushaltestellen und stolpern schwankend zurück zum Hotel. Im Training aber wird knüppelhart gefahren, vor allem von den Fahrern, die am meisten trinken. Niemand will den anderen in etwas nachstehen; wie hart du im Nehmen bist, wird daran gemessen, wie schnell du fährst und wie viel du verträgst. Selbst mit einem heftigen Kater stehst du um Punkt zehn Uhr bereit, startklar fürs Training. Niemand kommt zu spät. Außer Óscar Freire. Aber der kommt gewohnheitsmäßig immer und überall zu spät.

Eines Nachmittags nach dem Training gehe ich über den Hotelflur, als ich plötzlich ein Poltern hinter mir höre. Ich drehe mich um und sehe ein paar Teamkollegen auf mich zustürmen. Wer genau es ist, kann ich nicht sehen, sie haben sich Unterhosen und Nylonstrümpfe über die Köpfe gezogen. Der Dünnste von allen, den ich auch mit Unterhose über dem Kopf sofort als Michael Rasmussen erkenne, hat ein Haarschneidegerät in den Händen. Ich weiß genau, was sie vorhaben – die Geschichten über die Initiation neuer Profis habe ich schon zu Genüge gehört. Aber ich will meine langen Haare nicht verlieren. Ich versuche zu entkommen, aber sie sind zu viele. Sie packen mich und ziehen mich in eines der Zimmer. Jemand ruft: »Thomas, hör auf dich zu wehren, das gehört dazu!« Aber ich schlage und trete um mich. Sie werden mich nicht kahl scheren. No fucking way. Ich werde immer wilder und wilder; es gelingt ihnen nicht, mich ruhig zu bekommen. Nach ein paar Minuten geben sie es auf.

Marc Wauters zieht sich den Strumpf vom Kopf. Er sitzt hechelnd am Rand des Bettes und meint: »Wenn du die Initiation nicht über dich ergehen lassen willst, wie willst du dann von uns verlangen, dass wir demnächst für dich vorne im Wind arbeiten?« Ich sage: »Das hat nichts miteinander zu tun. Ihr werdet von Rabobank bezahlt, um für mich vorne im Wind zu arbeiten.«

In diesem Jahr wird niemand mit dem üblichen Ritual initiiert. Ich nicht, und die anderen Neoprofis auch nicht.

10.

Am Freitag vor meinem ersten Paris–Nizza übernachte ich außer Haus. Ich bin bei Erik Dekker zu Gast, in Meerle. Er hat den gleichen Nachnamen wie ich, aber wir sind nicht miteinander verwandt. Das Team sieht in ihm einen wichtigen Mentor für mich. Er ist Zeitfahrer, genau wie ich. Er fährt stark in den Klassikern – genau wie ich es eines Tages möchte. Beim Essen, während der Trainingslager und nach den Rennen, gibt er manchmal den Ton am Tisch an, aber er ist nicht ganz leicht zu durchschauen. Meist hat es den Anschein, als würde er irgendetwas verbergen. Das macht mich nur umso neugieriger, was er zu erzählen hätte.

Ich schlafe im Gästezimmer. Eriks Frau gibt mir ein frisches Bettlaken, bevor sie mir eine gute Nacht wünscht. Ich breite es auf dem Bett aus und lege mich darunter. Aber als ich das Laken über mich ziehen will, schneidet der Rand des Stoffes zwischen meinen kleinen Zeh und den Zeh daneben. Ein sauberer Schnitt, es beginnt sofort zu bluten. Und das nicht nur ein bisschen. Das schöne weiße Laken färbt sich rot. Ich weiß nicht, was ich machen soll. Ich kann ja schlecht den großen Erik Dekker wecken, weil mein kleiner Zeh blutet. Aber zum Glück finde ich in dem Zimmer eine Plastiktüte. Ich stülpe sie über meinen Fuß und lege mich schlafen. Am nächsten Tag beichte ich es Erik und seiner Frau. Sie müssen lachen. Ich bin darüber erleichtert.

Wir werden zusammen abgeholt. Während dieser Woche bin ich in den Hotels zusammen mit Erik auf einem Zimmer untergebracht. Ich rede viel mit ihm, er deutlich weniger mit mir. Er beschäftigt sich vor allem mit sich selbst. Eines Abends, als wir im Bett liegen, frage ich Erik, wie es sich mit dem Doping verhält. Ich weiß, dass es benutzt wird – ich lese schließlich auch Zeitungen, und ich weiß, dass Erik ein paar Jahre zuvor wegen eines zu hohen Hämatokritwerts nicht bei der WM starten durfte –, aber ansonsten ist dies völliges Neuland für mich. Doping ist ein magisches Wort aus einem Paralleluniversum, das sich ganz in der Nähe befinden muss, aber zugleich auch sehr weit weg ist. Erik will nicht darüber reden. Er sagt: »Thomas, ich finde es nett, mit dir das Zimmer zu teilen. Aber wir werden niemals über Doping reden. Von mir wirst du kein Sterbenswort darüber hören.« Es klingt wie eine offizielle Erklärung. Über Doping zu sprechen, ist ein absolutes No-go.

Ich greife in dieser Woche zum ersten Mal zu Schlaftabletten. In der U23 wäre so was undenkbar gewesen, aber bei den Profis scheint es ganz normal zu sein. Der Arzt macht nach den Etappen zwei Mal seine Runde: einmal nach der Ankunft im Hotel, um eine Infusion mit Vitaminen, Mineralstoffen und anderen (legalen) regenerationsfördernden Substanzen zu verabreichen, ein zweites Mal abends, um Schlaftabletten zu verteilen. Es gibt Jungs, die ablehnen, aber die meisten greifen zu. Michael Boogerd nimmt jeden Abend Schlaftabletten. Ohne

Pillen könne er nicht schlafen, sagt er. Weil er es tut, und weil es mir klug erscheint, schnell in den Schlaf zu finden, sage auch ich nicht nein.

Im Gegensatz zu Erik Dekker ist Michael Boogerd in der Tat sehr offen. Wo Dekker alle Tür zu den düsteren Kammern des Radrennsports resolut geschlossen hält, lässt Boogerd sie offen stehen. Es ist nicht so, dass er einem vom ersten Augenblick an erzählen würde, was er alles benutzt, aber er vermeidet Themen wie Pillen und Spritzen auch nicht. Zwischen Michael und mir stimmt sowieso gleich die Chemie. Wir haben den gleichen Sinn für Humor, wir hören die gleiche Musik, wir stehen auf die gleichen Frauen, wir lieben beide den Radsport über alle Maßen. Wenn man ihn fragt, wer vor fünf Jahren Fünfter bei der Emilia-Rundfahrt geworden ist, muss er nicht eine Sekunde über die Antwort nachdenken. Er ist, genau wie ich, maßlos in allem, was er tut. Wenn er trainiert, trainiert er hart. Und wenn er trinkt, trinkt er hart.

In den Rennen merke ich bald, dass ich nicht aus den Schuhen gefahren werde. Bei Paris-Nizza läuft es noch nicht so recht, weil ich eine Erkältung habe – aber eine Woche später, beim Critérium International, kann ich mit den Besten mithalten. Auf der zweiten Etappe, einer vormittäglichen Halbetappe über neunzig Kilometer, wird von Anfang an Vollgas gefahren. Es herrscht richtiges Dreckswetter; die Straße ist nass, der Himmel dunkel. Ehe ich mich versehe, ist eine Gruppe mit allen Favoriten entwischt: Jens Voigt, Jörg Jaksche, Bobby Julich und Ivan Basso. Im Peloton tut sich am rechten Straßenrand eine kleine Lücke auf, ich nutze die Chance und springe im Alleingang zur Spitzengruppe nach vorn. Das Feld macht die ganze Zeit Jagd auf uns, aber sie holen uns nicht ein. Es ist wie ein Mannschaftszeitfahren zu fünft, und ich spüre meine Beine nicht, so leicht drehen sich die Pedale. Das Ziel befindet sich oben auf einem kleinen Hügel. Jaksches Attacke kommt viel zu früh. Ich warte auf den richtigen Moment und sprinte dann an ihm vorbei. Es ist mein erster großer Sieg, aber erneut mache ich mir keinen Kopf darüber.

Nach der Zielankunft sind meine Gedanken gleich beim Zeitfahren, das noch am selben Tag stattfindet. Ich möchte auch das Gesamtklassement gewinnen. Das klappt nicht. Im Zeitfahren werde ich Vierter – hinter Jens Voigt, aber deutlich vor Fahrern wie Bradley Wiggins und Floyd Landis. Das reicht für Platz zwei in der Gesamtwertung. Und das ist für mich ein Platz zu schlecht. Ich verfluche meine Leistung im Zeitfahren; ich hasse es, dass ich nicht gewonnen habe.

Im Frühjahr bestelle ich mir für sechshundert Euro Vitamine und Fischölkapseln mit Omega-3. Alles wird in einem großen Karton geliefert. Michael Boogerd und Steven de Jongh sehen mich, wie ich gerade damit unterm Arm über den Flur des Hotels gehe. Sie fragen mich, was in dem Karton drin sei. Als ich ihnen erzähle, dass ich mir Vitamine und Fischöl gekauft habe, lachen sie sich schlapp. Ich verstehe nicht, was daran so lustig ist. Ich glaube, dass es gut angelegtes Geld ist und ich meinem Körper damit etwas Gutes tue, aber Boogerd und De Jongh brauche ich damit nicht zu kommen. Als sie fertig sind mit Lachen, sagt Michael: »Für das Geld hättest du auch schneller fahren können.« Ich lächle verlegen.

Der Giro d'Italia ist meine erste große Landesrundfahrt. Ich bin dabei um zu lernen, um als Rennfahrer zu wachsen und Erfahrung zu sammeln – alles mit Blick auf die Jahre, die noch kommen. In den beiden langen Zeitfahren will ich mich mit den Besten messen, in den anderen Etappen darf ich mich ein wenig ausprobieren und schauen, was dabei herauskommt. Einen richtigen Kapitän haben wir nicht. Vor dem Start in Reggio Calabria, tief im Süden Italiens, macht ein Gerücht die Runde im Team, dass einer unserer Russen, Alexander Kolobnew, einen sehr hohen Hämatokritwert hat. Von diesem Moment an muss er vor jedem Rennen in die Niederlande fliegen, um dort sein Hämatokrit vom Team messen zu lassen. Außerdem wird im Peloton gemunkelt, dass die italienische Polizei auf der Suche nach Dopingmitteln einige Razzien in den Fahrerhotels unternehmen wird. Die Teamleitung von Rabobank geht kein Risiko ein: Sie sammeln alle Nahrungsergänzungsmittel ein. Auch meine teuren Vitamine. Stattdessen bekommen wir jeden Tag eine Supradyn-Tablette.

Während der Etappen fühle ich, dass der Giro etwas anderes ist als die Rennen, die ich zuvor in der Saison bestritten habe. Es wird bizarr schnell gefahren, vor allem bergauf. Zum ersten Mal seit vielen Jahren bin ich nicht mehr als Peloton-Füllung. Ich werde zurechtgestutzt, bekomme aufgezeigt, wo ich wirklich stehe. In kleineren Rennen kann ich mich vielleicht mit den besten Fahrern des Pelotons messen, aber beim Giro fahren dieselben Fahrer mir um die Ohren. Ich bleibe dran, ich bleibe dran, ich bleibe dran, so lange, bis schließlich die großen Fahrer beschleunigen – dann werde ich verblasen wie eine

Pusteblume im Wind. Am Essenstisch und im Teambus reden wir darüber, wie schnell gefahren wird. Es gibt mehrdeutige Kommentare über einige Fahrer, die im Klassement an der Spitze stehen. Ich höre ältere Teamkollegen zueinander sagen, dass Ivan Basso »wirklich gut beieinander« sei - der Zynismus trieft nur so aus ihren Worten. Im Rennen sehe ich Basso nur aus der Ferne, sehr weit vor mir. Seine Schwester sehe ich aus größerer Nähe: Nach zwei Wochen, in denen wir SMS ausgetauscht haben, kommt sie mich besuchen. Am Ruhetag liegt sie in meinem Bett, aber nicht um sich auszuruhen. Elisa bekommt nicht genug. Sie will noch mal und noch mal und noch mal.

In der letzten Giro-Woche leide ich wie ein Hund. Mein ganzer Mund ist voller Fieberbläschen, und nach drei schweren Bergetappen hintereinander sitze ich als winselndes Häufchen Elend in der Dusche, weil ich nicht mehr auf den Beinen stehen kann. Ich fühle mich plötzlich wie ein Teenie in einer Welt erwachsener Männer. Die Jahre zuvor lief alles wie von selbst, nie musste ich mit einem Platz im Gruppetto vorliebnehmen und meine Karriereleiter schien direkt in den Himmel zu führen - aber in diesem Giro trete ich auf einmal auf der Stelle.

Rückblickend erkenne ich, dass es nicht mehr als logisch war: Von einem Neoprofi in seinem ersten Jahr konnte man nicht erwarten, dass er der Brutalität einer großen Landesrundfahrt gleich standhalten kann. Und so schlecht läuft es ja gar nicht mal: Am Berg kann ich vielleicht nicht mit den Besten mithalten, aber ich habe nie Probleme, innerhalb des Zeitlimits ins Ziel zu kommen, und ich muss mich längst nicht so sehr abmühen wie die Hälfte des Pelotons, die nach mir eintrifft. Aber so sehe ich die Dinge nicht als 20-Jähriger. Ich bin enttäuscht, ich bin auf der Suche nach Erklärungen. Und ich betrachte Doping als einen der Hauptgründe, warum ich bergauf so deutlich distanziert werde.

Dort, in diesem Giro, wird das Fundament für meine Überzeugung gelegt, dass man ohne verbotene Mittel nicht um die richtigen Trophäen mitfahren kann. Nach einer der härtesten Bergetappen lasse ich mich auf einen Sitz im Teambus fallen und beklage mich gegenüber Frans Maassen, einem unserer Sportlichen Leiter, dass doch nur deshalb so irrsinnig schnell gefahren wird (»Das kann doch nicht angehen?«), weil Doping im Spiel ist. Wir bekommen sofort Streit miteinander. Maassen sagt, dass ich mir nicht herausnehmen könne, zu behaupten, andere würden dopen. Außerdem solle ich aufhören zu quengeln.

Ich werde kein schlechtes Wort über Frans Maassen verlieren. Ich habe ihn in all den Jahren nie etwas über Doping sagen hören, und es heißt, dass er seine eigene Karriere als Radrennfahrer beendet hat, weil er nicht zu Epo greifen wollte. Im Nachhinein kann ich durchaus verstehen, dass er nicht über Doping mit mir reden wollte. Aber ich kann in diesem Moment doch nicht so tun, als ob nichts wäre. Ich bin neugierig. Ich brauche Menschen, die offen mit mir reden. Menschen, die mich an die Hand nehmen. Und solche Menschen gibt es nicht beim Profi-Team von Rabobank. Es gibt keine Führung, es gibt keine Vorgaben, es gibt keine Kontrolle. Die Teamleitung tut so, als ob Doping nicht existieren würde, die meisten Fahrer gehen ihren eigenen Weg. Ich akzeptiere die Anweisungen der Teamleitung in den Rennen, aber ich schaue nicht zu ihnen auf. Sie scheinen nicht zu verstehen, was in mir vorgeht und was ich brauche. Also schaue ich mich nach anderen Vorbildern um, nach anderen Orientierungspunkten. Die finde ich den Fahrern um mich herum: vor allem in den Kapitänen, die in den großen Rennen am schnellsten fahren können. Dass ich von falschen Vorbildern angezogen werde, ist meine eigene Schuld, meine eigene Schwäche. Aber im Nachhinein hätte ich viel, sehr viel dafür gegeben, wenn es damals einen Siegfahrer im Team gegeben hätte, der mir gesagt hätte, dass ich gefälligst meine Finger vom Doping lassen soll.

Am Ende meines ersten Profijahres reise ich im Anschluss an die Eneco Tour, wo ich Vierter werde, zur Polen-Rundfahrt. Wir schlafen dort jede Nacht in Fünf-Sterne-Hotels. Am Abend nach einer schweren Bergetappe sind wir in einem Hotel in der Nähe von Karpacz untergebracht. Ich teile mir das Zimmer mit Joost Posthuma. Uns ist langweilig. Ich schlage vor, an der Bar noch eine Cola zu trinken. Die Bar erweist sich als halbe Discothek im Keller des Hotels. Wohin man auch schaut: nur schöne Frauen. Auf den ersten Blick wirkt es wie ein Topmodell-Treffen. Aber es scheinen alles Prostituierte zu sein. Michael Boogerd wählt die Schönste von allen aus. Als er später zurückkommt, flüstert er: »Nicht mehr normal, Mann.« Also gestikuliere ich in Richtung desselben Mädchens, ob sie auch mit mir mitkommt. Sie nickt. Ich sage Joost, dass er vorläufig noch nicht schlafen gehen kann, und nehme sie mit aufs Zimmer. Wir nehmen den Aufzug und gehen dann einen langen Korridor entlang. Kurz bevor ich mein Zimmer betrete, sehe ich Erik Breukink am anderen Ende des Flurs auftauchen. Er ist unser Sportlicher Leiter bei der Polen-Rundfahrt und gehört auch zum Management des Teams. Ich hoffe, er hat mich nicht gesehen, wie ich eine blonde Frau auf mein Zimmer schiebe. Aber eine Minute später höre ich ein Klopfen an der Tür. Ich luge durchs Schlüsselloch. Mist! Breukink steht direkt davor.

Ich tippe das polnische Mädchen an und lege einen Zeigefinger auf meine Lippen. »Psst!« Ich schiebe sie ins Badezimmer. Dann öffne ich die Tür. Breukink stürmt herein. »Du hast hier ein Mädchen auf dem Zimmer, nicht wahr? Wo ist sie?« Ich tue so, als ob ich von nichts wüsste. Er schaut auf dem Balkon nach und unter dem Bett. Und dann im Bad. Da ist sie. Breukink bekommt sofort Flecken am Hals und sein Gesicht läuft rot an. Er ist stinksauer. Er schiebt das Mädchen aus dem Zimmer und beginnt seine Gardinenpredigt. »Verdammt noch mal, Thomas, wer glaubst du eigentlich, wer du bist? Du musst morgen Rennen fahren.« Es geht mir zum einen Ohr rein, zum anderen wieder raus. Und ich muss mir auf die Lippen beißen, um nicht laut loszulachen, als er sagt: »Und das auch noch in deinem Alter. Du musst alles erst noch beweisen, Junge. Schau dir Michael Boogerd und Erik Dekker an – die würden sich so was nie erlauben.« Vielleicht weiß er wirklich nicht, was die beiden sich erlauben, vielleicht sind es nur leere Worte. Aber für mich ist es die Bestätigung, dass er nicht weiß, was im Team läuft, oder es einfach nicht wissen will. Warum sollte ich von so einem Typen etwas annehmen?

Am nächsten Tag steht ein Zeitfahren auf dem Programm, schon früh am Morgen. Beim Frühstück weiche ich dem Blick von Breukink aus. Er ist eindeutig immer noch sauer auf mich. Meine Teamkollegen kann ich nicht anschauen, sonst würde ich sofort in Gelächter ausbrechen. Es ist ein bisschen wie in der Schule, wenn man den Lehrer mit Papierkügelchen beworfen hat. Während des Zeitfahrens fährt an diesem Tag, als eine Art Strafe, kein Auto mit einem Teamleiter hinter mir. Ich bekomme keine Anweisungen und muss mit der Anfeuerung durch Ton van Engel auskommen, einem der Soigneurs. Das ist mir egal. Ich fahre mir die Lunge auch so aus dem Leib. Niemand fährt schneller als ich: Ich gewinne das Zeitfahren – vor Bobby Julich – und werde in der Gesamtwertung Dritter. Zum ersten Mal stehe ich bei einem ProTour-Rennen auf dem Podium. Ich muss zur Dopingkontrolle und Breukink begleitet mich. In der Kabine sitzen wir nebeneinander und warten, bis ich an der Reihe bin. Ich sage nichts, Breukink sagt nichts. Nach zehn Minuten Stille murmelt er. »Wenn du dich letzte Nacht benommen hättest, hättest du die Gesamtwertung vielleicht gewonnen.« Ich schweige zurück.

Die WM findet in diesem Jahr in Madrid statt. Es ist heiß und staubig. Ich starte für die niederländische Nationalmannschaft, aber zu unserer Betreuung ist ein Arzt von Rabobank mitgekommen: Geert Leinders. Am Tag vor dem Straßenrennen kommt er in mein Zimmer. Er hat eine Spritze dabei und eine Ampulle. Synacthen steht darauf. Ich weiß nicht, was es ist, aber ich habe schon davon gehört; das Wort fiel gelegentlich in den Gesprächen am Essenstisch. Leinders erklärt, dass das Medikament die körpereigene Produktion von Kortison anregt. Er sagt, dass ich mich zu Beginn des Rennens womöglich ein bisschen blockiert fühlen werde, aber dass es am Ende eines langen Rennens ein Gefühl der Euphorie hervorrufen kann. Ich könne damit mehr an meine Substanz gehen, mehr aus mir herausholen. Es sei kein Wundermittel, aber vielleicht helfe es. Es stehe auf der Liste der verbotenen Substanzen, sagt er betont beiläufig, unmittelbar gefolgt von der Anmerkung, dass es noch nicht nachweisbar ist. Der Nachteil von Kortison ist, dass es Wasser bindet. Deshalb solle ich mich beim Start warm anziehen. »Dann kannst du dich erst mal ein bisschen einschwitzen.« Ich habe nicht das Gefühl, dass die Kortison-Spritze Doping ist oder dass ich eine Grenze überschreite. Im Rennen merke ich nicht viel davon. Ich verstecke mich den ganzen Tag hinten im Feld, arbeite mich im Finale nach vorne und bin der Einzige, der mitgehen kann, als Alejandro Valverde zur Spitzengruppe nach vorne springt. Am Ende werde ich Fünfzehnter. Ich bin nur mäßig zufrieden.

Abends gehen wir mit dem halben Peloton in Madrid aus. Ich trinke so viel, dass ich kaum noch etwas von dem Abend weiß: nur noch, dass Tom Boonen sein gerade gewonnenes Regenbogentrikot in einer Discothek verliert. Als ich ins Hotel zurückkomme, bin ich sternhagelvoll.

11.

Ich habe einen Vater und eine Mutter, einen Vater und eine Mutter, einen Vater und eine Mutter. Meine richtigen Eltern und dazu zwei Elternpaare, die ich als eine Art Ersatzeltern betrachte. Die ersten Ersatzeltern sind Kees und Karien – ein wohlhabendes Ehepaar, das in Luyksgestel in Brabant zu Hause ist, direkt an der belgischen Grenze. Sie sind Radsportfans durch und durch; sie fahren zu allen Rennen bei ihnen in der Nähe und sie finden es schön, Rennfahrern, die sie kennen, unter die Arme zu greifen. So ist zum Beispiel Dirk Bellemakers – einer meiner besten Freunde und Profi bei mehreren belgischen Teams – oft bei ihnen zu Gast. Mit seinem Metallbaubetrieb sponsert Kees zudem seit Jahren ein Frauenteam.

Im Sommer 2003 kommt mein Vater am Rande eines Radrennens mit Kees und Karien ins Gespräch. Die beiden sagen, ich solle einfach kurz durchklingeln, wenn ich mal ein Rennen in Brabant fahren würde und einen Platz zum Schlafen bräuchte. Genau das tue ich im August jenes Jahres, bei der niederländischen Zeitfahrmeisterschaft in der U23. Vorher bin ich doch ein bisschen reserviert: Einfach so bei anderen Leuten zu übernachten, ist nichts, was ich täglich machen würde. Aber bei Kees und Karien fühle ich mich sofort wie zu Hause. In den folgenden Jahren bin ich wie eine Art Sohn für sie; Kees hat noch zwei Söhne aus einer früheren Ehe. Für Rennen und Trainingslager ist Luyksgestel oft eine bessere Ausgangsbasis als Dirkshorn. Und in meiner Wohnung in Lanaken fühle ich mich manchmal einsam. Ich schlafe oft bei Kees und Karien, ich frühstücke mit ihnen, ich lese die Zeitung, ich spiele mit den Enkelkindern, und ich drehe von ihnen aus meine Trainingsrunden. Sie verfolgen meine Karriere genau. Sie fahren oft mit mir zu Rennen, sie studieren die Sportseiten der Zeitungen, ob sie irgendwo meinen Namen entdecken, und Kees putzt sogar mein Rad.

Vielleicht liegt es ein wenig an Kees und Karien, dass ich mich verändere. Mein Umfeld verändert sich, und ich verändere mich. Wenn ich mich mit meinen Eltern in Dirkshorn über Geld und schnelle Autos unterhalte, spüre ich, dass ich über Dinge rede, die ihnen sehr, sehr fremd sind. Bei Kees und Karien ist das anders. Kees ist ein extrovertierter Mensch und er liebt, genau wie ich, teure Sportwagen. Aber es ist viel mehr, als nur über Autos zu reden und zusammen Spiegeleier zu essen, weil mir in meiner eigenen Wohnung vielleicht gerade die Decke auf den Kopf fällt. Die beiden gehören zu den nettesten Menschen, die ich kenne. Sie haben mich so oft aus peinlichen und heiklen Situationen gerettet, dass ich Jahre später mit Fug und Recht behaupten kann, dass es mich ohne Kees und Karien wohl nicht mehr geben würde. Aber das ahne ich noch nicht, als ich sie gerade kennengelernt habe.

2006 bekomme ich noch ein Elternpaar dazu: Herr und Frau Cecchini. Luigi Cecchini ist Radsporttrainer. Einer der besten der Welt sogar. In der Vergangenheit hat er Bjarne Riis, Jan Ullrich und Michele Bartoli trainiert, und zu dieser Zeit hat er Fahrer wie Alessandro Petacchi und Tyler Hamilton unter seinen Fittichen. Nach der WM 2005 fliege ich zusammen mit Jacques Hanegraaf für ein erstes Kennenlerngespräch mit ihm nach Pisa. Jacques hat alles eingefädelt: Er kennt Cecchini noch aus seiner Zeit als Teammanager bei Coast, wo Jan Ullrich Kapitän war.

Luigi Cecchini ist ein älterer Herr Anfang sechzig. Er sieht aus wie ein italienischer Adliger. Alles an ihm strahlt Klasse aus. Sein Haar ist grau und perfekt frisiert. Seine Kleidung ist ebenso makellos: diskret, aber teuer. Die Brille, die er trägt, unterstreicht seine Autorität. Er spricht leise, ohne die Stimme zu heben. Das braucht er auch nicht. Wenn er spricht, dann sind alle anderen im Raum still. Er ist durchaus an mir interessiert. Er hat meine Resultate gesehen, und er sieht das Feuer in meinen Augen. Aber er will mich nur dann trainieren, wenn ich auch gut genug bin. Wenn mein Motor groß genug ist. Cecchini trainiert nur deshalb noch Radprofis, weil er Spaß daran hat. Er hat Geld wie Heu: Ihm und seiner Frau gehört halb Lucca.

Bevor er sich entscheidet, ob er mit mir zusammenarbeiten will, muss ich einige Tests absolvieren. Wir fahren zum Monte Serra, südlich von Lucca. Mein Job ist es, so schnell wie möglich diesen Berg hochzufahren. Cecchini fährt mit der Stoppuhr in der Hand in einem Smart hinter mir her. Als ich oben angekommen bin, bleibt mir kaum ein Moment, um nach Luft zu schnappen: Dann folgt schon ein fünfminütiger Test, mit dem er mein Leistungsvermögen misst. Als er die Ergebnisse auswertet, pfeift er durch die Zähne. Der alte Meister ist beeindruckt. Ich darf bei ihm trainieren. Der Preis: 5.000 Euro pro Jahr. Aber ich habe bis zum heutigen Tag nicht einen Cent für seine Dienste bezahlen müssen.

Bei Rabobank sind sie nicht gerade glücklich mit meiner Wahl. Cecchinis Ruf in der Öffentlichkeit ist nicht der beste: Viele Fahrer, die er trainiert hat, sind mit Doping in Verbindung gekommen, und die italienischen Behörden haben Ermittlungen aufgenommen, um seine Beteiligung an Verstößen gegen Anti-Doping-Gesetze zu untersuchen. Theo de Rooij fragt mich, ob ich nicht lieber einen anderen Trainer in Betracht ziehen möchte. Ich sage: »Nein«. Und damit ist die Sache für mich erledigt. Wenn ich in Interviews danach gefragt werde, sage ich, dass Rabobank mir nicht verbieten könne, meinen eigenen Trainer zu wählen. Und dass ich, wenn sie es tun sollten, zu einem anderen Team wechseln würde.

Der Ruf von Cecchini kümmert mich einen feuchten Kehricht. Ich will den besten Trainer der Welt haben – Punkt, aus. Und Doping ist ohnehin kein Grund für mich, um mit jemandem zusammenzuarbeiten oder nicht. Es schreckt mich nicht ab. Und persönlich merke ich sowieso nicht viel von diesem schlechten Ruf, der Cecchini vorauseilt. In all den Jahren, in denen er mich trainiert, schlägt er nicht ein Mal vor, Doping zu verwenden. Dafür habe ich inzwischen eine andere Adresse.

Ich ziehe nach Italien. So kann ich jeden Tag mit Cecchini trainieren. Manchmal begleitet er mich selbst auf dem Rad, manchmal fährt er mit einem Motorroller vor mir her, manchmal folgt er mir mit dem Auto. In den ersten Monaten des

Jahres 2006 wohne ich im Hotel Caesar in Lido di Camaiore. Der Besitzer ist ein begeisterter Radsportliebhaber: Ich bekomme ein Zimmer, wo ich meine Sachen monatelang stehen lassen kann; aber bezahlen muss ich nur, wenn ich tatsächlich da bin – fünfzig Euro die Nacht. Das Training mit »Cecco« trägt Früchte. Ende Januar unternehmen wir einen weiteren Test am Monte Serra. Zusammen mit Alessandro Petacchi und Tyler Hamilton fahren wir an den Fuß des Anstiegs in Buti. Es ist kalt und am Straßenrand liegt Schnee. Ich bin bis in die Zehenspitzen motiviert; ich gehe die Sache an, als wäre es ein Rennen. Ich fliege den Berg geradezu hinauf, deutlich vor Alessandro und Tyler. Nach sechzehneinhalb Minuten bin ich oben, im Durchschnitt habe ich 493 Watt getreten. »Cecco« ist beeindruckt. Es ist eine der schnellsten Zeiten, die er je gestoppt hat – nur Jan Ullrich und Francesco Casagrande sind schneller gewesen. Er springt umher und aus ihm sprudelt ein Schwall italienischer Sätze, aus denen ich nicht schlau werde. Ich habe ihn noch nie so aufgeregt gesehen.

Immer öfter bin ich bei den Cecchinis zu Hause zu Gast. Ich unterhalte mich mit Luigi über den Radsport, ich lerne Italienisch. Frau Cecchini kocht für mich und nennt mich bald nur noch *nostro figlio olandese*. Und mit ihrem Sohn Stefano verstehe ich mich von Anfang an blendend. Wir gehen zusammen essen, wir schauen zusammen Fußball, wir ziehen zusammen um die Häuser, wir trinken zusammen, bis wir einen im Tee haben, und wir gehen zusammen Klamotten kaufen – in dem Bekleidungsgeschäft im Zentrum von Lucca, das ihm gehört. Wir haben den gleichen Geschmack: Hauptsache teuer. Ich habe kein Problem damit, 600 Euro für eine Jogginghose aus Kaschmirwolle hinzublättern.

Es ist kein Zufall, dass ich überall eine Familie habe. Ich suche Gesellschaft, ich kann nirgends ohne Vater und Mutter sein. Manchmal ist es so, als wäre ich mehrere Thomas Dekkers in einem. Ich bin ein arroganter, selbstbewusster Kerl, der mit Geld nur so um sich schmeißt, der ganz genau weiß, was er will, und der sich mit Italienern auf Italienisch unterhält. Aber ich bin auch der unsichere Junge aus Dirkshorn, die sehr weit weg von zu Hause ist. Ein Junge, der nicht weiß, was er mit sich anstellen soll, wenn er allein ist. Der noch nie gekocht hat. Der noch nie den Einkauf erledigt hat. Der seinen Koffer am liebsten von seiner Mutter packen lässt und dem seine Schwester die Butterbrote schmieren muss. Und der in Gottesnamen nicht weiß, wie man für sich selbst sorgt.

12.

Die Vorspeise ist gerade serviert worden. Meine Mutter und mein Vater sitzen auf der einen Seite des Tisches, Jacques Hanegraaf und ich auf der anderen. Jacques hat sie eingeladen, gemeinsam mit uns essen zu gehen, im De Gouden Engel, einem Restaurant in Schagen. Zuerst hält er ein bisschen Small Talk mit ihnen. Über das Wetter, über ihre Arbeit, über meine letzten Rennen. Und dann, zwischen zwei Bissen, schneidet er das Thema an. »Ich würde gerne eine Sache kurz mit Ihnen besprechen.«

Er sagt es so beiläufig, als würde es über einen Film gehen, den er gestern Abend im Fernsehen gesehen hat, oder um den neuen Supermarkt an der Ecke. Hanegraaf sagt, dass ich viel Talent habe und dass ich eine tolle erste Saison gefahren sei, aber dass es doch mehr bedarf, um ganz an die Spitze zu kommen. Er sagt, dass alle Top-Fahrer ein Spiel für Erwachsene spielen, und dass ich nicht umhinkommen werde, auch mitzuspielen. Er sagt: »Alle tun es. Es gehört dazu.« Er erwähnt das Wort Doping nicht; stattdessen umschreibt er es jedes Mal kryptisch. Ich sage nichts. Ich habe schon gewusst, dass Jacques mit meinen Eltern darüber reden wird. Wir haben ein paar Wochen zuvor darüber gesprochen. Er meinte, es wäre an der Zeit für den nächsten Schritt – und es war nicht schwer, mich zu überzeugen. Ich bin nicht blind, ich verschließe nicht meine Augen vor der Realität, ich spüre doch selbst, wie viel schneller bei den großen Rennen gefahren wird. Es reicht nicht, nur hart zu trainieren und zeitig zu Bett zu gehen.

Es ist in den letzten Jahren immer näher an mich herangerückt. Ich wusste, dass der Moment kommen würde, dass mir Doping angeboten würde. Und ich bin nicht davor zurückgewichen. Es hat sich Schritt für Schritt vollzogen: erst eine Infusion mit regenerationsfördernden Mitteln, dann eine Kortison-Spritze. Und kurz vor diesem Abend habe ich auf einer Techno-Party in Gent Speed und Ecstasy genommen, zusammen mit Michael Boogerd und Steven de Jongh. Mit dem Zeug im Körper würde man bei jeder Kontrolle auffliegen, aber zu diesem Zeitpunkt gibt es noch keine Kontrollen außerhalb der Wettkämpfe. Der Schritt zu mehr und richtigem Doping ist für mich nur noch ein recht kleiner. Bei den Junioren und Amateuren hatte ich nie einen Gedanken daran verschwendet, aber mit meinem Übertritt zu den Profis wurde dieses Bewusstsein in mir verankert. Der Gedanke, der anfangs ein Samenkorn war, wurde zu einem Sprössling, und in meinem ersten Profijahr wuchs er allmählich heran. Ich selbst gab ihm Wasser, die Fahrer um mich herum gaben ihm Wasser. Die Erkenntnis, dass Doping notwendig war, ist stetig gewachsen. Ohne Doping war ich gut, aber nicht gut genug. Denn für mich ist es eh niemals genug. Es ist, wie mit einem schönen Mädchen zu tanzen: Das kann ich auch nicht, ohne mich ständig umzublicken, ob es in dem Club vielleicht noch ein schöneres Mädchen gibt.

Während Jacques redet, betrachte ich meine Mutter. Sie runzelt die Stirn und presst die Lippen zusammen. Panik spricht aus ihren Augen. Als Jacques fertig ist, schaut sie mich an. Sie sieht, dass ich meine Wahl längst getroffen habe. Würden meine Eltern mir sagen, dass ich die Finger vom Doping lassen soll, ich hätte sie nur ausgelacht. Mein Vater weiß nicht, was er sagen soll. Meine Mutter flüstert: »Ich hoffe, dass alles gut geht.«

Nach dem Abendessen steigt Jacques wieder in sein Auto. Die Rechnung lässt er uns liegen. Im Rückblick ist dieser ganze Abend ziemlich bizarr. Es ist, als hätte Jacques meine Eltern um Erlaubnis gebeten. Als ob er irgendwie wüsste, dass er nicht einfach so, nicht ohne vorherige Ankündigung, einem jungen, 21-jährigen Radrennfahrer zu Doping verhelfen kann. Aber in der Situation selbst empfinde ich es als völlig normal. Ich glaube, dass Jacques nur das Beste für mich will. Wir wollen doch beide dasselbe: nach oben, so schnell wie möglich. Mehr Siege, mehr Geld. Jacques handelt einen verbesserten Vertrag mit Rabobank aus: Mein Gehalt schießt in die Höhe, auf vierhunderttausend Euro pro Jahr, zuzüglich Prämien. Zehn Prozent davon – plus Mehrwertsteuer – kassiert er.

Seine Gans, die goldene Eier legt, das bin ich.

13.

Jacques kennt sich aus mit Doping. Er weiß, was auf dem Markt ist; er weiß, was funktioniert und was nicht. Und er weiß, welche Form von Doping die geringste Gefahr mit sich bringt, erwischt zu werden: Eigenblut-Transfusionen. Er sagt mir, dass die großen Jungs im Peloton es seit Jahren nutzen – und dass er selbst als Fahrer auch damit experimentiert hat. Epo, CERA, Aranesp: Es ist alles mehr oder weniger nachweisbar – aber das eigene Blut ist das eigene Blut. Das kann, so Jacques, kein Dopingfahnder der Welt nachweisen. Er spricht von Jan Ullrich, der Bluttransfusionen bei der Tour de France 2003 verwendet habe. Jacques versucht zunächst, einen niederländischen Arzt zu finden, der mir Blut abnimmt und einfriert, aber er hat keinen Erfolg. In den Niederlanden werden alle Blutbeutel markiert und registriert – das macht es zu schwierig, sie beiseite zu schaffen. Also kontaktiert Jacques einen alten Bekannten: Eufemiano Fuentes. Der habe auch Jan Ullrich in der Zeit, als er bei Jacques im Team fuhr, mit den Blutbeuteln geholfen. Inzwischen ist Fuentes ein bekannter Name, aber Anfang 2006 wissen nur ein paar Eingeweihte, was er tut. Er steht nicht im Rampenlicht. Er agiert im Dunkeln, bewegt sich wie ein Schatten hinter den Fassaden des Sports.

Am 10. Februar 2006 treffe ich Fuentes zum ersten Mal. Es ist der Tag nach der letzten Etappe der Vuelta Mallorca. Rabobank hat zufälligerweise einen Flug nach Pisa mit Zwischenstopp in Madrid für mich gebucht. Bis zum Anschlussflug habe ich vier Stunden am Madrider Flughafen Barajas. Meine Koffer werden direkt in den Flieger nach Pisa umgeladen: Ich gehe mit meinem Handgepäck durch den Zoll. Ich halte ein Taxi an und nenne dem Fahrer den Namen des Hotels, wo ich verabredet bin: Diana TRYP Hotel, zwei Kilometer vom Flughafen entfernt.

Als ich in die Lobby des Hotels komme, warten Fuentes und Hanegraaf schon auf mich. Ich gehe auf sie zu, schüttele ihnen die Hand und lasse mich in einen Sessel fallen. Ich bestelle mir bei der Kellnerin eine Cola light. Fuentes sieht aus wie ein typischer Spanier. Hose, Oberhemd, das Haar ordentlich gekämmt, diese geschmacklosen braunen Slipper, mit denen die Schaufenster aller Schuhgeschäfte in Madrid vollstehen. Er spricht nur gebrochen Englisch. Eine Begrüßung bekommt er noch ganz gut hin, ein wenig Small Talk gelingt auch halbwegs, aber als er erklärt, welche Formen von Doping er organisieren kann, wechselt er auf Spanisch. Ich spreche kein Spanisch, Jacques schon. Die beiden reden in ruhigem Tonfall miteinander; ich sitze daneben und schaue sie an. Gelegentlich übersetzt Jacques etwas für mich.

Fuentes bietet allerlei Formen von Doping an. Man kommt über ihn an Epo, Wachstumshormone und Testosteron. Man kann bei ihm für einen umfassenden Präparationsplan anklopfen, der Tag für Tag und Woche für Woche vorgibt, welche Dopingmittel man wann nehmen muss. Aber Jacques und ich sind nur an der Sache mit den Blutbeuteln interessiert: Das Risiko, erwischt zu werden, soll so klein wie möglich sein. Nicht selbst mit irgendwelchen Spritzen hantieren, lieber die teuerste, aufwendigste und am schwierigsten nachweisbare Form von Doping. Keine halben Sachen, sondern alles oder nichts.

Die Idee dahinter ist einfach: Man zapft Blut ab und deponiert es. Der Körper stellt fest, dass er zu wenig Blut hat, und macht sich in den Tagen nach der Entnahme daran, den Verlust zu kompensieren. Das bedeutet, dass man sich ein paar Tage geschwächt fühlt, aber nach einer oder anderthalb Wochen merkt man nichts mehr davon. Wenn man das entnommene Blut später wieder zuführt, hat man dann mehr Blut. Und deshalb auch mehr rote Blutkörperchen. Mehr rote Blutkörperchen wiederum bedeuten einen besseren Sauerstofftransport. Damit kann man ein höheres Leistungsvermögen abrufen und man braucht zwischen den Rennen weniger Zeit zur Regeneration.

Am effektivsten ist es, sich das Blut unmittelbar vor einem wichtigen Rennen wieder zuzuführen – oder während eines Etappenrennens. Der Vorteil bei einer großen Landesrundfahrt ist enorm: Während die Blutwerte der Konkurrenz im Laufe der drei Wochen immer weiter in den Keller gehen, können Eigenblut-Doper in der dritten Woche nachtanken. Ein Beutel Blut genügt und man fühlt sich wie neugeboren. In der Vergangenheit haben sich Fahrer manchmal das Blut von anderen Personen zugeführt, häufig von Familienmitgliedern. Aber das ist 2006 seit einiger Zeit nachweisbar: Die Dopingfahnder können dann sehen, dass zwei verschiedene DNA-

Spuren in der Blutbahn zirkulieren. Solange man sein eigenes Blut verwendet, gibt es nichts zu befürchten: Man kann nun mal keinen Unterschied zwischen dem eigenen Blut und dem eigenen Blut erkennen.

Bei Fuentes hat man die Wahl zwischen zwei Varianten des Eigenblut-Dopings: Es gibt ein kurzes und ein langes System. Die kurze Variante bedeutet, dass man sich Blut abnehmen lässt und es für maximal einen Monat im Kühlschrank aufbewahrt, bei einer Temperatur von vier Grad. Bei der langen Variante wird das entnommene Blut eingefroren: So kann man es theoretisch auch mehrere Jahre lang aufbewahren. Am klügsten wäre es, Blut in den Wintermonaten abzugeben, wenn keine Rennen anstehen. Aber dafür bin ich zu spät dran: Die Saison hat bereits begonnen, und ich möchte um jeden Preis Tirreno-Adriatico gewinnen, ein Etappenrennen in Italien – und das findet schon im März statt.

Der Plan lautet wie folgt: Ich gebe heute zum ersten Mal Blut ab. Ein Beutel, 450 Milliliter. Der landet im Kühlschrank, für das kurze System: In ein paar Wochen, kurz vor Tirreno-Adriatico, bekomme ich mein Blut zurück. Danach fangen wir dann an, Blut abzunehmen, das wir in die Tiefkühltruhe packen. Diese Beutel kann ich dann bei der anstehenden Tour de France benutzen. Der Preis, um seine Blutbeutel ein Jahr lang im Gefrierschrank von Fuentes unterbringen zu dürfen: 10.000 Euro. In bar. Wir sind uns einig, dass ich es bei späterer Gelegenheit bezahle.

Während Fuentes und Hanegraaf den Plan besprechen und gelegentlich etwas für mich übersetzen, schweife ich mit den Gedanken ab und schaue mich ein wenig um. Wir sitzen hier zusammen, um über Blutbeutel zu reden, als wären es Käsebrötchen. Um uns herum schwirren Touristen mit Rucksäcken und Geschäftsleute mit Handy am Ohr. Ich schaue auf den Hintern einer hübschen Stewardess, die in High Heels durch die Lobby geht. Mir ist bewusst, dass wir etwas Verbotenes tun, aber es fühlt sich nicht so an. Es fühlt sich für mich eher so an, dass ich nun einer Bruderschaft angehöre, von der jeder ahnt, dass es sie gibt, aber fast niemand weiß, wo sie sich befindet und wer genau ein Teil von ihr ist.

Als ich meine Cola ausgetrunken habe, steht Fuentes auf. Er winkt mir zu. »Vamos, Thomas. Come, come«, sagt er und zeigt nach oben. Ich stehe auf und folge ihm zum Lift. Er drückt auf den Knopf für das richtige Stockwerk. Im Aufzug stehen wir unbehaglich schweigend nebeneinander und schauen zu, wie das Licht von Nummer zu Nummer springt. Der Aufzug hält. Fuentes geht hinaus auf den Gang. An einer bestimmten Zimmertür bleibt er stehen. Er nimmt eine Karte aus der Tasche und hält sie vor das Schloss. Er tritt ein. Ich zögere einen Moment, schaue über die Schulter, ob mich jemand sieht. Und dann trete ich über die Schwelle.

Es ist dunkel im Zimmer, die Düsternis hat tausend Farben.

14.

Ich sitze im Flugzeug. Mein Käppi habe ich tief ins Gesicht gezogen. Ich habe die SIM-Karte aus meinem Handy genommen: Heute und morgen bin ich nicht erreichbar. Kaum jemand weiß, wohin ich unterwegs bin. Meine Eltern nicht, meine Schwester nicht, mein Team nicht. Nur Jacques weiß, dass ich eine Verabredung mit Eufemiano Fuentes habe.

Es ist der 4. März, der Samstag vor Tirreno–Adriatico. Vor ein paar Tagen habe ich Fuentes eine Nachricht aufs Mobiltelefon geschickt, mit einem Prepaid-Handy, das ich speziell für die Kontaktaufnahme mit ihm gekauft habe. Es war eine kurze SMS. Eine Zeile, mehr nicht. Eine Begrüßung auf Englisch, dahinter meine Ankunftszeit in Madrid und schließlich eine Zahl. Meine eigene Nummer: 24. Ich drückte auf »Senden«, und nur ein paar Minuten später bekam ich eine Antwort-SMS. Eine Bestätigung (»OK«) und der Name des Hotels, wo wir uns treffen.

Es ist dasselbe Hotel wie beim letzten Mal: Diana TRYP Hotel in der Nähe des Flughafens. Auch die Prozedur wird dieselbe sein, nur umgekehrt. Ich fliege nicht nach Madrid, um Blut abzugeben, sondern um es meinem Körper wieder zuführen zu lassen.

Das Flugzeug ist voll mit Touristen und Geschäftsleuten. Vor mir sitzen zwei Frauen und unterhalten sich über das Wetter in der Toskana, neben mir sitzt ein Mann im Anzug, der an seinem Laptop arbeitet. Ich schaue durch das Fenster nach unten und denke an den Blutbeutel, der in Madrid auf mich wartet. Ich bin ein wenig angespannt, aber ich habe das Gefühl, alles unter Kontrolle zu haben. Mir ist bewusst, dass ich offenbar ganz gut bin in dem Spiel, das wir hier spielen. Ich denke nach vor jedem Schritt, den ich tue. Ich mache keine Fehler. Ich schicke keine SMS mit einem Handy, das man mir zuordnen könnte; ich kann schweigen und rede nicht ungefragt. Ich frage mich, ob ich in einem anderen Leben wohl auch eine kriminelle Laufbahn hätte einschlagen können. Die Antwort ist eher ja als nein.

Es ist schon spät, als das Flugzeug in Madrid landet. Ich nehme ein Taxi zum Hotel. Fuentes hat mir eine SMS mit der Zimmernummer geschickt. Ohne jemand anzusehen, gehe ich durch die Lobby und über die Hotelflure. Am richtigen Zimmer angekommen, klopfe ich an der Tür. Fuentes macht auf, ich trete ein. Es ist die gleiche Art von Hotelzimmer wie beim letzten Mal. Dunkel, die Vorhänge zugezogen, eine glänzende Überdecke auf dem Bett. Wir wechseln kaum ein Wort miteinander. Wir haben uns nichts zu sagen. Ich habe nicht das Gefühl, dass er überhaupt daran interessiert ist, wer ich bin oder was ich tue. Ich bin eine Nummer für ihn, mehr nicht. Und ich bin nicht allein. Ich bin die Nummer 24, das sagt mir genug: Es gibt mindestens 23 andere.

Fuentes kramt einen Blutbeutel aus dem Rucksack, den er bei sich hat. Er hält mir den Beutel hin und zeigt auf die Nummer. »Check this please«, sagt er. Ich erkenne meine Nummer und meine Handschrift. Ich nicke. Dann nimmt er ein Bild von der Wand, eines dieser typischen Hotelzimmer-Stillleben mit Blumen. Er hängt den Blutbeutel an den freien Nagel. Ich ziehe meine Jacke aus und lege mich aufs Bett. Fuentes beginnt, meinen Arm mit einem Wattebausch mit Betadine zu desinfizieren. Er lässt sich ausgiebig Zeit dabei und sagt, dass es sehr wichtig sei. Dann sticht er eine Nadel in meinen Arm. Die Nadel ist dicker, als ich es von meinen früheren Injektionen mit Regenerationsmitteln gewohnt bin. Sie ist deshalb so dick, damit die roten Blutkörperchen nicht beschädigt werden. Fuentes schließt einen Infusionsschlauch an den Blutbeutel an und dreht den Hahn auf. Mein Arm beginnt zu kribbeln, als das kalte Blut in mich hineinrinnt. Es fühlt sich an wie eine Gänsehaut, aber auf der Innenseite meines Armes. Fuentes sitzt am Schreibtisch auf einem Stuhl.

Fünfzehn Minuten später, als der komplette Inhalt des Beutels in meinen Arm gelaufen ist, steht er auf. Er nimmt den leeren Beutel von der Wand und verstaut die Nadeln in seiner Tasche. Er zieht seinen Mantel an, schüttelt mir die Hand und sagt: »Hasta luego.« Ich bleibe in dem Hotelzimmer; mein Rückflug nach Pisa geht erst am nächsten Morgen. Ich ziehe meine Schuhe aus und starre an die Decke. Mich friert es und ich bin nicht begeistert von der Idee, noch eine Nacht in einem Zimmer zu verbringen, in dem ich gerade etwas getan habe, wofür ich jahrelang gesperrt werden könnte.

Ich versuche, mich zu entspannen, aber es gelingt mir nicht. In dieser Nacht schlafe ich schlecht und unruhig. Ich bin froh, als endlich der Morgen anbricht: Ohne Frühstück breche ich auf zum Flughafen und steige in den Flieger zurück nach Pisa.

Im Flugzeug kommt die Euphorie. Ich habe es getan. Ich habe es geschafft. Ich habe mir selbst dieses Geschenk gemacht. Ich kann es nicht erwarten, endlich auf mein Fahrrad zu kommen; ich will wissen, wie es sich anfühlt. Jeder Radsportler ist neugierig, wie es wohl ist, auf Doping zu fahren, und ich bin doppelt und dreifach neugierig. Sobald ich zu Hause bin, schnappe ich mir mein Rad. Ich fühle es, bevor ich überhaupt aus Lucca raus bin. Ich habe richtig Power in den Beinen. Ich fahre so mühelos, dass mir angst und bange wird. Ich muss mich zurückhalten, um nicht jeden Anstieg mit Vollgas hochzuknallen. Ich flüstere mir selbst zu: »Immer mit der Ruhe.«

Tirreno-Adriatico beginnt an einem Mittwoch. Am Morgen vor der ersten Etappe gibt es eine Kontrolle von der UCI, dem Radsportweltverband. Mein Hämatokritwert wird gemessen: 44,5 – kein Grund zur Sorge also. Ich bewege mich immer so um diesen Wert. Im Rennen merke ich, dass ich an jedem Anstieg noch Reserven habe. Die ersten Etappen überstehe ich mit Leichtigkeit. Beim Team sehen sie, dass ich gut in Form bin; Fahrer wie Michael Boogerd, Óscar Freire, Juan Antonio Flecha und Marc Wauters halten mich aus dem Wind. Bei einer Schlechtwetter-Etappe mit heftigem Wind und viel Regen bleibt Wauters den ganzen Tag an meiner Seite – sogar wenn ich anhalte, um zu pinkeln. Er holt meine Regenjacke vom Auto, er hilft mir, sie anzuziehen, als ich mich darin verheddere, er lotst mich durchs Peloton. Es tut mir gut, dass sich ein

Fahrer wie Wauters für mich aufopfert. Ich fühle mich unbesiegbar. Und nein, ich fühle mich nicht schuldig. Ich mache mir weis, dass ich nichts Unredliches tue. Die anderen tun es doch auch. Ich sage mir, dass ich nur getan habe, was notwendig war, um mit den großen Jungs Schritt zu halten – nicht mehr und nicht weniger.

Zwei Tage vor dem Ende der Rundfahrt steht ein Zeitfahren auf dem Programm. Es gibt noch dreizehn Fahrer, die sich Chancen auf den Gesamtsieg ausrechnen können, und ich bin einer von ihnen. Im Zeitfahren distanziere ich alle Konkurrenten um die Gesamtwertung. Ich werde Etappendritter hinter Fabian Cancellara und Leif Hoste, aber ich übernehme das Leadertrikot. An den letzten beiden Tagen fahren sich meine Teamkollegen das Weiße aus den Augen, um mich sicher ins Ziel zu bringen. Bis zum Schluss gibt es Attacken, aber niemand kommt mehr weg. In San Benedetto del Tronto, dem Ziel der letzten Etappe, rolle ich mit erhobenen Armen über den Zielstrich. Ich habe Tirreno-Adriatico gewonnen, vor Jörg Jaksche und Alessandro Ballan. Jaksche wird mir später erzählen, dass er das Rennen auf zwei Blutbeuteln gefahren sei, die er im Winter abgeliefert hat.

Ich werde aufs Podium gerufen. Danach geht es zur Pressekonferenz. Ich muss Bürgermeistern und Sponsoren die Hand schütteln. Mein Mobiltelefon hört nicht auf zu klingeln. Journalisten, Familie, Freunde. Am Abend essen wir zusammen mit dem gesamten Team – eine Flasche Champagner nach der anderen wird entkorkt.

Es ist spät am Abend, als ich die Tür zu meinem Hotelzimmer öffne. Ich setze mich auf die Kante des Bettes und breche in Tränen aus. Alles kommt heraus, alles bricht sich Bahn. Die Freude, all die Trainingswochen, in denen ich mich abgerackert habe, aber auch der Stress. Die einsamen Monate in einem italienischen Hotel, die geheimen Ausflüge nach Madrid, von denen ich niemandem etwas erzählen darf – es ist alles einfach zu viel für mich. Plötzlich bin ich nur ein kleiner einsamer Junge. Marc Wauters, mein Zimmergenosse in dieser Nacht, setzt sich neben mich aufs Bett. Er legt seinen Arm um mich. Ich fühle mich sehr, sehr klein.

15.

Glauben Sie ihnen nicht, den Fahrern, die behaupten, sie hätten nur ein einziges Mal Doping benutzt. Wenn man die Schwelle übertreten hat, gibt es keinen Weg mehr zurück. Ein bisschen dopen ist wie ein bisschen schwanger. Doping macht süchtig. Nicht das verwendete Mittel an sich, aber der Erfolg, den es mit sich bringt. Ich bin nicht süchtig nach Eigenblut-Doping, ich bin süchtig nach dem Gefühl der Unbesiegbarkeit, das während Tirreno-Adriatico durch meine Adern geströmt ist.

In den Wochen nach Tirreno-Adriatico fliege ich mehrmals nach Madrid und zurück. Das ist manchmal ein logistischer Alptraum. Normalerweise arrangiert das Team die Flugtransfers für uns, aber diese Flüge buche ich selbst mit meiner eigenen Kreditkarte – allein bei dem Gedanken daran schnürt sich mein Magen zusammen, weil ich weiß, dass alles zurückverfolgbar sein wird, sollte das Netzwerk von Fuentes auffliegen. Ich muss akribisch planen. Also lasse ich mich mit einer Ausrede aus dem Aufgebot für das Critérium International streichen. Ich muss nämlich wieder Blut abgeben.

Am 19. März 2006 lasse ich mir in Madrid einen Beutel mit Blut abzapfen. Keine zwei Wochen später, am 30. März, wird er meinem Körper im Diana TRYP Hotel wieder zugeführt, kurz vor der Baskenland-Rundfahrt. Es läuft genauso ab wie beim Mal davor: Arm desinfizieren, Blutbeutel an den Nagel hängen, Gänsehaut auf der Innenseite meines Armes. Als wir fertig sind, sagt Fuentes zu mir: »Stay in this room.« Er macht deutlich, dass an diesem Tag noch andere Klienten von ihm da sind. Und er will nicht, dass wir einander über den Weg laufen. Aber ich bin neugierig. Sobald Fuentes aus dem Zimmer ist, setze ich mich auf den Balkon. Ich kann von dort nach unten schauen und habe den Eingang des Hotels im Blick. Ich beobachte die Geschäftsreisenden und Touristen, die rein- und rausgehen. Ich sehe niemanden, den ich kenne. Aber als ich gerade wieder ins Zimmer gehen will, sehe ich ein bekanntes Gesicht, einen jungen blonden Mann, der es eilig zu haben scheint. Es ist Remmert Wielinga, mein Teamkollege bei Rabobank. Auch er ist ein guter Zeitfahrer, auch er ist ein guter Kletterer, und auch er wird von Jacques Hanegraaf vertreten.

In der Baskenland-Rundfahrt, ein paar Tage später, versuche ich, ein Gespräch mir Remmert zu beginnen. Remmert ist ein bisschen eigen. Ein guter Radrennfahrer, aber auf privater Ebene nicht ganz einfach. Und ich kenne ihn nicht gut genug, um ihn direkt auf Fuentes anzusprechen. »Und?«, frage ich ihn: »Bist du gut drauf? Bist du *richtig* gut drauf?« Er nickt und antwortet: »Ja, ich bin sehr gut drauf.« »Geht mir genauso«, sage ich.

Aber der eine zusätzliche Blutbeutel in meinen Adern reicht nicht aus, um in der Baskenland-Rundfahrt mit den Besten mitzuhalten. Es wird so schnell gefahren, dass einem manchmal fast die Tränen kommen, so grotesk ist es. Andere Fahrer hatten mich schon vor dem Rennen gewarnt: Im Peloton nennen sie die Baskenland-Rundfahrt nur »Moped-Rennen«, weil es einem manchmal so vorkommt, als ob die Fahrer der spanischen Teams den ganzen Tag lang mit über fünfzig Sachen durch die Landschaft pflügen könnten, ohne müde zu werden. Auf einer der Etappen kann ich am Berg mit letzter Kraft den Anschluss halten, die Milchsäure steht mir schon in den Augen, als Riccardo Riccò und José Ángel Gómez Marchante gelassen an den Straßenrand rollen, um zu pinkeln. Meine Schlussfolgerung ist klar: Wenn ich im Baskenland mitmischen will, muss ich das Doping noch professioneller regeln.

Nach den Frühjahrsklassikern, bei denen ich für Boogerd und Freire fahre, um mich für ihre Helferdienste bei Tirreno–Adriatico zu revanchieren, fliege ich zwei Mal kurz hintereinander nach Madrid, um Blut abzuliefern – am 26. April und am 10. Mai. Es geht darum, einen Vorrat für die Tour de France anzulegen: Blutbeutel, die gemäß dem »langen« System deponiert werden. Ich lasse praktisch Geschenke für mich selbst einfrieren.

Es ist der 26. April, drei Tage nach Lüttich–Bastogne–Lüttich. Ich fliege nach Madrid. Als ich am Flughafen in Madrid ankomme, steht Fuentes schon bereit und wartet auf mich. Wir gehen zusammen zu seinem Auto. Wir werden diesmal nicht zum Diana TRYP Hotel fahren. Stattdessen fahren wir in eine Wohnung irgendwo in Madrid. Sie gehöre seinen Eltern, sagt er. Die sind nicht da. Und die Wohnung sieht nicht so aus, als ob sie oft benutzt würde. Sobald wir drinnen sind, hole ich einen Umschlag aus der Innentasche meiner Jacke. Es sind 10.000 Euro drin. Das Geld habe ich ein paar Tage zuvor bei der

Rabobank-Filiale in Tuitjenhorn abgehoben. Fuentes macht eine abwehrende Geste. »No, no, later, later«, sagt er. Aber ich will es loswerden. Am liebsten so schnell wie möglich. Also stopfe ich ihm den Umschlag in die Hände. Im Nachhinein betrachtet, ist das nicht so klug, aber in diesem Moment weiß ich nicht, dass die spanische Polizei Fuentes schon seit Monaten auf der Spur ist. Fuentes sagt mir, dass ich mich in einen alten braunen Ledersessel setzen soll. Er nimmt mir zwei Beutel Blut ab. Danach bringt er mich zurück zum Flughafen.

Am 10. Mai fliege ich wieder nach Madrid. Diesmal wartet nicht Fuentes auf mich, sondern ein Assistent von ihm. Er stellt sich als Alberto Leon vor. Er sagt, dass Fuentes selbst nicht da sei, deshalb würde er ihn heute vertreten. Leon ist ein ausgesprochen freundlicher Mann. Im Auto unterhalten wir uns mit Händen und Füßen über dies und jenes. Es ist so geplant, dass er mir in einem Hotel Blut abnimmt, aber in Madrid ist gerade eine große Messe. Wir fahren von Hotel zu Hotel – alle sind komplett belegt. Wir fahren stundenlang in seinem Auto kreuz und quer durch Madrid. Irgendwann gibt er es auf. Wir steuern stattdessen die Kleinstadt an, aus der er stammt, San Lorenzo de El Escorial, knapp fünfzig Kilometer nördlich von Madrid. Dort checken wir in einem kleinen Hotel ein. Alberto Leon nimmt mir einen Beutel Blut ab, dann verabschiedet er sich.

Am Abend gehe ich in der Stadt was essen. Ganz allein. Ich fühle mich einsam und verloren. Ich kann nicht mal jemanden anrufen, denn ich darf meine SIM-Karte nicht in mein Handy stecken. Ich übernachte in dem kleinen Hotel, am nächsten Morgen bringt mich dann ein Bruder von Alberto Leon zum Flughafen. Ein Mann in einem Anzug, auf dem Weg zur Arbeit in Madrid. Wir stehen zusammen im morgendlichen Stau und lauschen dem spanischen Frühstücksradio. Mir wird klar, wie unterschiedlich unser Leben ist. Ich versuche mir vorzustellen, wie es ist, jeden Tag zur Arbeit zu fahren und jeden Morgen in einem Kleinwagen durch den Pendlerstau zu kriechen. Es gelingt mir nicht.

Wieder zurück in Italien beginne ich einen mehrwöchigen Trainingsblock, um mich für die Tour de France in Form zu bringen. Manchmal trainiere ich alleine, manchmal zusammen mit anderen Fahrern. Es leben etliche Radprofis in der Nähe. Ich trainiere häufig mit Jörg Jaksche, der für Liberty Seguros fährt. Je öfter wir zusammen fahren, desto mehr erzählen wir einander. Ich bringe ihn regelmäßig zum Lachen. »Andere Fahrer halten sich bedeckt und tun immer so geheimnisvoll«, sagt er, »und du prahlst rum, wie viel du dopst.«

Als der Giro d'Italia in diesem Jahr nach Lido di Camaiore kommt, fahren wir zusammen mit dem Rad hin, um es uns anzuschauen. Nach der Etappe fahren wir noch zu einem Fahrerhotel in der Nähe. CSC ist hier untergebracht, das frühere Team von Jaksche. Wir unterhalten uns mit einigen Leuten, die er kennt, und hängen auf dem Parkplatz vor dem Hotel rum. Plötzlich kommt ein kleiner Mietwagen angefahren. Der Fahrer stellt den Wagen ab und steigt mit einem Rucksack aus dem Auto. Es ist Alberto Leon, der Assistent von Fuentes. Er geht rein, ohne jemanden anzusehen. Als wir von dem Parkplatz runterfahren, erzählt Jaksche mir, dass Alberto Leon auch einen Spitznamen hat: Ali Baba.

16.

Es ist ein Dienstagabend, der 23. Mai 2006. Ich sitze in einem Restaurant in Lucca beim Abendessen mit einem anderen Fahrer zusammen, der ebenfalls Kunde bei Fuentes ist. Ich nenne seinen Namen nicht, weil ich finde, dass er es selbst zugeben muss. Er bekommt einen Anruf. Jörg Jaksche ist auf der anderen Seite der Leitung. Er ist mit seinem Team im Trainingslager. Er ruft nicht aus Spaß an, er hat schlechte Nachrichten. Das Gesicht des Fahrers mir gegenüber am Tisch erstarrt. Ich sehe, wie er innerlich zusammenbricht. Dann fängt er an zu weinen. »Es ist alles aufgeflogen, Thomas. Fuentes wurde verhaftet«, sagt er zwischen zwei Heulkrämpfen. Seine Augen huschen panisch umher, er hat Angst, erwischt zu werden. Ich nicht. Ich denke nur an die drei Blutbeutel, die noch bei Fuentes im Gefrierschrank liegen. Und wie ich sie wiederbekomme. Erst als mir bewusst wird, dass sie in den Händen der spanischen Polizei sind, fange ich an zu fluchen. All der Aufwand, all der Stress, die ganzen Flugreisen in den letzten Wochen – es ist alles umsonst gewesen.

Erst nach der Wut und der Frustration kommt die Angst. Ich fürchte, dass man mich irgendwann gefilmt oder fotografiert haben könnte. Oder dass mein Name irgendwo auftaucht.

Noch am selben Abend erzähle ich meinen Eltern, die gerade im Urlaub bei mir in Lucca sind, dass Blut von mir im Gefrierschrank von Fuentes lag, als die Polizei bei ihm eingedrungen ist und alles durchsucht hat. Mein Vater schüttelt den Kopf, meine Mutter schlägt erschrocken die Hand vor den Mund. Ich rufe Jacques Hanegraaf an. Er sagt, dass ich bloß nichts unternehmen soll. Die Füße stillhalten und kein Wort sagen, das ist die Strategie.

Ich tue also einfach so, als ob nichts passiert wäre. Mein Vater schmeißt das Prepaid-Telefon, über das ich Kontakt zu Fuentes gehalten habe, im Hafen von Viareggio ins Wasser. Ich versuche, mich auf mein Training zu konzentrieren. Aber das klappt keine zehn Sekunden lang. In den Tagen und Wochen nach den Razzien der spanischen Polizei sickern immer weitere Informationen durch. Es dringen Gerüchte und Namen an die Öffentlichkeit. Teams, Manager, Fahrer. Jan Ullrich, Ivan Basso, ein kleines Peloton an Spaniern. Auch der Name von Jörg Jaksche. In Zeitungen und im Internet tauchen Dokumente aus der Polizeiakte zur »Operación Puerto« auf. Auch meine Nummer steht drin, die 24, zusammen mit den genauen Tagen, an denen mir Blut abgezapft wurde. Ich sehe, dass Fuentes mir einen Spitznamen verpasst hat: Clasicomano Luigi. Ich bin für ihn der Klassikerspezialist von Luigi Cecchini. In einem abgehörten Gespräch mit einem seiner Komplizen spricht er über mich als den »Spion des fernen Italieners«.

Ich rechne damit, jeden Moment einen Anruf zu erhalten, dass auch mein Name ans Licht gekommen ist. Die Unsicherheit nagt an mir. Ich schlafe schlecht, mein Magen ist wie zugeschnürt. Mit Radsport befasse ich mich kaum. Anfang Juni muss ich die Dauphiné Libéré fahren. Es ist ein hoffnungsloses Unterfangen. Ich schleppe mich irgendwie durch die Etappen und am Essenstisch schweige ich vor mich hin. Ich kann mit niemandem über meine Gedanken und Ängste reden. Das bekommt mir schlecht. Ich bin nicht gut darin, die Dinge mit mir selbst auszumachen. Die Teamleitung scheint kein großartiges Interesse an mir zu haben: Niemand fragt mich, was mit mir los ist. Bei den niederländischen Landesmeisterschaften Ende Juni liefere ich eine weitere farblose Darbietung ab. Also lasse ich in Amstelveen mein Blut untersuchen. Es zeigt sich, dass ich unter Blutarmut leide. Das sollte mich eigentlich auch nicht wundern: Ich habe mir drei Beutel Blut abzapfen lassen, ich habe hart trainiert, und ich werde von Stress aufgefressen. Die Teamleitung beschließt, mich nicht zur Tour de France zu schicken. Ich akzeptiere ihre Entscheidung ohne Widerspruch; es ist ehrlich gesagt sogar eine Erleichterung. Erst recht, als noch mehr Namen von Fuentes-Kunden ans Licht kommen und die Tour-Direktion beschließt, einige Fahrer und Teams vom Start auszuschließen. Erst als die Tour losgeht, wage ich aufzuatmen. Die Aufmerksamkeit verlagert sich langsam wieder von den Doping-Skandalen auf das Rennen selbst.

In dieser Zeit lerne ich Linda kennen. Sie ist eine Freundin meines guten Freundes Dirk Bellemakers, mit dem sie eines Freitagabends in einem Restaurant in Bergeijk essen geht. Als ich sie sehe, sind alle meine Sorgen vergessen: Ich habe mich Hals über Kopf verliebt. Sie ist hübsch, sie ist blond, sie ist intelligent. Ich frage Dirk nach ihrer Telefonnummer – noch am selben Abend sende ich ihr eine Nachricht auf ihr Handy. In den Tagen danach schicken wir einander immer mehr SMS. Jedes Mal, wenn mein Mobiltelefon piept, habe ich Schmetterlinge im Bauch. Wir verabreden uns; wir gehen zusammen essen. Ich versuche, mich von meiner charmantesten Seite zu zeigen. Ich habe Glück: Sie ist auch in mich verliebt. Wir küssen uns, wir gehen eine Beziehung ein. In einer heißen, schwülen Sommernacht schlafen wir zum ersten Mal miteinander.

Ich habe zum ersten Mal in meinem Leben eine feste Freundin. Wir sehen uns so oft wie möglich. Mal in den Niederlanden, mal in Italien. Während der Saison fliegt sie nach Italien, wann immer ich ein rennfreies Wochenende habe – ich hole sie dann in Pisa ab und wir essen als Erstes ein Eis bei McDonald's am Flughafen. Anfangs übernachten wir in der Wohnung von Stefano Cecchini und seiner Freundin, später kaufe ich mir selbst ein Appartement in Lucca. Für Linda sind ihre Reisen nach Italien jedes Mal eine Art Mini-Urlaub. Wir schlafen lange, wir frühstücken in einer kleinen Bar, wir spazieren durch die Stadt, wir gehen shoppen, wir gehen zusammen zum Strand, und eines Sonntagabends sind wir bei Familie Cecchini zu Gast zum Pizzaessen. Wir können stundenlang miteinander reden. Es ist alles so entspannt. So unschuldig. Linda und ich, wir sind einfach zwei junge Menschen, die einander lieben. Aber so schön und liebenswert ich sie auch finde: Treu zu bleiben, gelingt mir nicht. Die Versuchung anderer Frauen ist immer noch zu groß. Es ist genau wie mit den Siegen im Radsport: Ich will immer mehr.

Die Angst, dass ich als Kunde von Fuentes entlarvt werden könnte, flaut allmählich ein wenig ab. Der Stress weicht aus meinem Körper. Die ganze Situation hätte mir eine Warnung sein müssen, eine Lektion, aus der ich etwas gelernt haben sollte. Aber das ist sie nicht. Der Ehrgeiz und der Hunger nach schnellem Erfolg besiegen die Angst, erwischt zu werden. Wenn ich etwas gelernt habe, dann nur, dass ich offenbar mit so etwas durchkomme. Mein Gefühl der Unverwundbarkeit wird nur noch stärker. Also mache ich weiter mit dem Wahnsinn.

Im August, während der Eneco Tour, bei der ich Neunter werde, beschließe ich, auf die Suche nach anderen Formen von Doping zu gehen. Wenn meine Blutbeutel nun mal von der spanischen Polizei beschlagnahmt wurden, dann dope ich halt auf weniger ausgeklügelte Art und Weise. Ich will es mit Epo probieren und informiere mich danach bei den Teamärzten von Rabobank, bei Geert Leinders und Jean-Paul van Mantgem.

Van Mantgem sagt, er will mir helfen. Zu ihm habe ich einen guten Draht. Er ist unterhaltsam, er ist schlau und er versteht mich. Im Gegensatz zu Jacques Hanegraaf oder Eufemiano Fuentes verdient er nicht direkt daran, wenn er mir zu Dopingmitteln und -praktiken verhilft: Für ihn ist es eher eine Möglichkeit, zu kontrollieren, was ich tue. Er weiß, dass ich mich anderswo umschauen würde, wenn er mir nicht hilft. Er arbeitet für mich einen Plan für die Vorbereitung auf die Polen-Rundfahrt aus und notiert alles auf einem kleinen weißen Notizzettel: fünf Tage morgens und abends jeweils zweitausend Einheiten. Eine Woche vor dem Rennen solle ich das

Epo absetzen. Und dann drei, vier Tage vor dem Rennen noch einmal zweitausend Einheiten spritzen.

Ich kaufe das Epo in einer bestimmten Apotheke kurz hinter der deutschen Grenze. Von Teamkollegen und Trainingspartnern weiß ich, dass sie dort keine Umstände wegen der Rezeptpflicht machen. Es ist, wie das erste Mal Kondome zu kaufen: Ich atme einmal tief durch, dann gehe ich rein und sage so beiläufig wie möglich, was ich haben will. Die Frau hinter dem Tresen schaut nicht mal auf; ich schließe daraus, dass ich bestimmt nicht der Einzige bin, der sich hier sein Epo besorgt. Ich zahle 400 Euro in bar und gehe mit einigen Ampullen und Spritzen nach Hause. Dort hole ich alles aus der Verpackung, ziehe eine Spritze mit Epo auf und injiziere es mir selbst in eine Vene im Arm. Ich weiß, was ich tun muss: Infusionen mit regenerationsfördernden Mitteln kann ich mir inzwischen auch recht gut selbst anlegen. Als ich mir den Inhalt der Spritze in die Vene drücke, wird mir bewusst, dass ich wieder eine Grenze überschritten habe. Es beunruhigt mich nicht.

Bevor ich nach Polen abreise, lasse ich im Krankenhaus in Amstelveen mein Blut untersuchen. Van Mantgem hat das für mich arrangiert; er arbeitet hier, wenn er nicht für das Team im Einsatz ist. Die Kontrolle ist eine Absicherung, ein zusätzlicher Check, um sich zu vergewissern, dass meine Hämatokrit- und Hämoglobinwerte nicht zu hoch sind. Mit einem Hämatokrit über 50 dürfte ich nicht starten, wenn die UCI mich zufällig kontrollieren würde – und das müssen wir auf jeden Fall verhindern. Aber es gibt keinen Grund zur Beunruhigung: Die Blutuntersuchung ergibt einen Hämatokrit von 48,3 und einen Hämoglobinwert von 15,8. Ich schicke Van Mantgem eine Nachricht mit dem vereinbarten Geheimcode auf sein Handy: »Hatte heute im Training eine Herzfrequenz von 158.«

Mit in die Höhe gespritzten Blutwerten habe ich bei der Polen-Rundfahrt das Gefühl zu fliegen. Und das tue ich auch. Buchstäblich. Bei der dritten Etappe läuft ein Hund über die Straße, direkt vor mein Vorderrad. Ich kann nicht mehr ausweichen und gehe kopfüber über den Lenker. Ich strecke die Arme aus, um mich abzufangen. Dann spüre ich, wie meine Hand bricht, als ich auf dem Asphalt aufkomme. Meine Saison ist schlagartig vorbei.

17.

Wir fliegen hoch, so nah an der Sonne, dass die Flügel des Flugzeugs zu schmelzen scheinen. Als ich aus dem Fenster schaue, sehe ich nichts als den großen, weiten Ozean unter uns. Michael Boogerd sitzt neben mir. Wir sind auf dem Weg nach Curaçao, um auf Kosten der Amstel-Brauerei Urlaub zu machen. Ich stupse Michael an. Ich muss ihm etwas sagen. »Übrigens«, flüstere ich, »ich war auch Kunde bei diesem Doktor Fuentes.« Michael sagt nur: »Ach, ja? Na dann.« Er nimmt noch einen Schluck von seinem Drink. Er ist nicht überrascht.

Die Beziehung zwischen Michael und mir ist noch enger geworden. Wir trainieren zusammen, wir gehen zusammen einen trinken, wir besuchen während des Trainingslagers zusammen zwielichtige Etablissements, wir sind die Kapitäne derselben Mannschaft. Mein Vertrag mit Rabobank ist noch einmal aufgestockt und verlängert worden: In den Jahren 2007 und 2008 kassiere ich achthunderttausend Euro pro Saison. Auf Anraten von Jacques Hanegraaf ziehe ich nach Monaco – denn dort muss ich kaum Steuern bezahlen. Ich teile mir ein Appartement mit dem australischen Sprinter Baden Cooke, aber sonderlich oft bin ich nicht da.

Die Saison 2007 wird mein drittes Jahr als Profi. Innerhalb des Teams habe ich längst nicht mehr den Status eines Nachwuchstalents, allein schon weil ich mich selbst nicht so sehe. Das Team erwartet dasselbe von mir wie ich selbst: dass ich Rennen gewinne. Im Februar bestreiten wir die Mallorca-Rundfahrt – vorher steht dort ein Trainingslager auf dem Programm. Sechs Tage vor dem Rennen besorge ich mir, zusammen mit meinem Teamkollegen Max Van Heeswijk, Testosteronpflaster in einer Apotheke. Auf seinen Rat hin schneide ich das Pflaster auf und reibe mit dem enthaltenen Gel meine Haut ein – auf diese Weise nimmt der Körper das Testosteron besser auf. Am Abend vor dem Rennen benutzen wir gemeinsam Liquid Ecstasy. Max hat es von zu Hause mitgebracht, in diesen kleinen Shampooflaschen, die man überall in Hotelzimmern findet. Nach dem Essen mischen wir das Liquid Ecstasy mit etwas Limonade und trinken es. Anschließend wanke ich eine Weile wie ein verliebter Hippie durchs Hotel. Ich fühle mich herrlich. Sobald ich mich aufs Bett gelegt habe, falle ich in einen komatösen Schlaf. Als ich am nächsten Morgen aufwache, habe ich meine ganzen Klamotten noch an. Ich reibe mir die Augen, schlurfe zum Frühstück und wechsle anschließend in meine Rennkleidung. Ein paar Stunden später rolle ich mit erhobenen Händen über die Ziellinie: Ich habe die Königsetappe der Mallorca-Rundfahrt gewonnen. Ich bin glücklich, bis mir bewusst wird, dass ich als Sieger ja zur Dopingkontrolle muss. Ich weiß, dass Testosteron fünf Tage lang nachweisbar ist und Liquid Ecstasy gerade mal vier Stunden, aber um auf Nummer sicher zu gehen, pinkle ich lieber erst noch mal am Straßenrand, bevor ich zur Kontrolle gehe.

Dann dauert es noch etwas länger, bis sie genug Urin von mir beisammen haben. Schlussendlich muss der Dopingkontrolleur mich sogar zurück zum Hotel begleiten – erst Stunden später kann ich endlich pinkeln. Ich höre nie wieder etwas von der Sache.

In den Monaten danach laufen die Dinge nicht gerade rund. Vor der Baskenland-Rundfahrt besorge ich mir Epo in einer Apotheke etwas außerhalb von Lucca – unter der Theke. Aber das Zeug schlägt nicht an. Über Van Mantgem bin ich an ein Gerät gekommen, mit dem ich meinen Hämatokritwert jederzeit selbst messen kann. Alle großen Jungs im Team haben so einen Apparat. Auf der Anzeige sehe ich, dass mein Hämatokrit trotz der Epo-Kur nicht steigt. Das passiert manchmal. Der menschliche Körper ist halt keine Maschine: Er reagiert nicht immer so, wie man es gern hätte. Als ich es Michael erzähle, muss er lauthals lachen. Und als wenn das alles nicht schon ärgerlich genug wäre, bekomme ich im Baskenland auch noch Schmerzen in der Hüfte. In meiner Hüftpfanne tritt eine Art von Reibung auf, und das tut ziemlich weh, vor allem wenn ich in Unterlenkerhaltung fahre. In den Wochen danach muss meine Hüfte fast täglich gelockert werden. Der einzige Vorteil, den meine Hüftprobleme mit sich bringen, ist, dass wir keine Ausrede erfinden müssen, um Kortison zu verwenden: Ich kann mir ein Attest für ein echtes medizinisches Problem ausstellen lassen. In den Frühjahrsklassikern bekomme ich einige Kortison-Spritzen von den Teamärzten. Jedes Attest wird in meinen Gesundheitspass eingetragen, den man zu den Dopingkontrollen mitnehmen muss. Beim Warten schaue ich mir manchmal die Pässe von anderen Fahrern an. Es sind welche darunter, die sind so dick wie die Bibel.

Erst in der Tour de Romandie, Anfang Mai, läuft es plötzlich wieder. Vielleicht liegt es daran, dass das zwei Wochen zuvor injizierte Epo endlich anschlägt, vielleicht ist es einfach, dass ich in Form bin. Es herrscht die ganze Woche richtiges Dreckswetter, aber das macht mir kaum etwas aus. Bei der vorletzten Bergetappe werde ich Zweiter hinter Igor Antón. Und das abschließende Zeitfahren gewinne ich, ebenso wie die Gesamtwertung – vor Paolo Savoldelli, Andrei Kaschetschkin, Cadel Evans und Chris Horner. Es fühlt sich anders an als mein Sieg bei Tirreno–Adriatico. Damals war es der Durchbruch gewesen, nun ist es lediglich eine Bestätigung, eine Zwischenstation auf dem Weg zu einem höheren Ziel. Dieses höhere Ziel ist die Tour de France. Ich nehme mir gar nicht die Zeit, meinen Erfolg bei der Tour de Romandie richtig zu genießen. Direkt nach Ende des Rennens fahre ich mit Kees, Karien und Linda, die extra gekommen sind, um zuzuschauen, aus der Schweiz zurück nach Luyksgestel – mit 220 Sachen durch die Nacht. Die Bußgelder wegen Geschwindigkeitsüberschreitung nehme ich gerne in Kauf.

Der Weg zur Tour de France führt über die Luxemburg-Rundfahrt, die Tour de Suisse und die niederländische Meisterschaft. Aber meine Hüfte macht nicht mit. Die Luxemburg-Rundfahrt muss ich absagen, und bei längeren Trainingseinheiten tue ich mich so schwer, dass meine Erwartungen für die Tour de Suisse gegen null tendieren. Ich verpasse mir ein paar Epo-Injektionen – und sei es nur, um mir zumindest ein wenig Hoffnung zu geben. Am Tag, bevor ich in die Schweiz aufbreche, gehe ich in Lucca mit Tyler Hamilton aus, der nur ein paar Blocks entfernt wohnt. Er ist einer der nettesten Fahrerkollegen, die ich kenne. Warmherzig, freundlich, geradezu sanftmütig. Aber es läuft schlecht bei ihm. Er hat eine Dopingsperre abgesessen und nun erreicht er nicht mehr sein altes Niveau. Er ist mental gebrochen. Seine Teamleitung bei Tinkoff hat ihn aus dem Aufgebot für den Giro d'Italia gestrichen, für den er monatelang trainiert hat. Wir trinken an diesem Abend zusammen Wein, viel zu viel Wein. Tyler spricht über seine Zeit bei US Postal. Über Lance Armstrong. Über Michele Ferrari. Über Bluttransfusionen. Über diese Welt voller Lügen, zu der auch ich gehöre. Der Abend endet, als die Sonne wieder aufgeht. Tyler fährt mich zum Flughafen.

In der Tour de Suisse ist meine Moral anfänglich im Keller, und die ersten paar Etappen rolle ich einfach nur irgendwie mit. Aber nach ein paar Tagen komme ich allmählich besser in Tritt. An Tag fünf, einer verkürzten Bergetappe mit Ziel im Skiort Crans Montana, bringt mich mein Teamkollege Jan Boven vor Beginn des Schlussanstiegs nach vorne. Von mir aus hätte er das, ehrlich gesagt, nicht unbedingt machen müssen: Denn wenn sich ein anderer Fahrer für einen abrackert, kann man sich ja schlecht bei der erstbesten Tempoverschärfung abhängen lassen. Also bleibe ich dran. Ich denke mir: »Dann lasse ich die anderen halt später ziehen. Vielleicht, wenn es noch fünf Kilometer bis zum Ziel sind. Oder bei der Vier-Kilometer-Marke.« Aber bei Kilometer vier halte ich immer noch den Anschluss. Bei Kilometer drei auch noch. Zwei Kilometer vor dem Ziel entschließe ich mich, dann halt am Teufelslappen die Beine hochzunehmen. Aber als wir die Ein-Kilometer-Marke passieren, sind vorne nur noch ein paar Fahrer zusammen. An einer Verkehrsinsel sehe ich eine Chance, zu attackieren. Ich trete an und ziehe ein paar hundert Meter lang mit vollem Einsatz durch – meine Zunge baumelt weit aus dem Mund. Als ich mich umdrehe, kann ich die anderen nicht mehr sehen. Ich mache den Albatros als Jubelgeste: Mit weit zur Seite ausgestreckten Armen rolle ich über die Ziellinie. Als ich auf dem Podium stehe, kommt Jan Boven ins Ziel. Ich winke ihm zu. »Hey Jan«, rufe ich, »ich hab gewonnen.« Er schüttelt ungläubig den Kopf.

Am vorletzten Tag der Tour de Suisse muss ich zur Dopingkontrolle. Mein Hämatokrit liegt bei 41,5. Gar nicht sonderlich hoch, aber es gibt eine andere Sache, die für Probleme sorgt: Der prozentuale Anteil der jungen roten Blutkörperchen in meinem Blut ist auffällig. Das könnte eine Folgewirkung davon sein, dass ich mir Epo gespritzt habe. Und die UCI könnte es zum Anlass nehmen, mich genauer im Blick zu behalten. Das nervt mich gewaltig. Aber es hindert mich nicht daran, einfach weiterzumachen wie bisher.

Im Peloton macht das Gerücht die Runde, dass ein neues Epo-Produkt auf dem Markt ist. Dynepo heißt das Mittel. Der Vorteil: Es funktioniert besser als herkömmliches Epo und ist darüber hinaus auch schwerer nachzuweisen, weil es die Produktion von roten Blutkörperchen durch ein körpereigenes Eiweißhormon stimuliert. Ich unterhalte mich mit Michael Boogerd darüber. Auch für ihn klingt das alles reizvoll. Er hört sich um und hat schnell herausgefunden, über wen er Dynepo beziehen kann: Über einen slowenischen Sportler namens Boštjan Buc deckt Michael sich mit einem Vorrat ein. Das Dynepo wird gekühlt zu ihm nach Hause geliefert. Ich kaufe Michael etwas von seinem Vorrat ab. Am Montag und Dienstag nach den niederländischen Meisterschaften spritze ich mir jeweils 8.000 Einheiten.

Ich bin bereit für die Tour.

18.

Meine erste Tour de France ist Michael Boogerds letzte Tour de France. Im Rückblick wird es auch meine letzte Tour sein, aber das weiß ich zu diesem Zeitpunkt noch nicht. Wir teilen uns das Zimmer. Zehn Jahre, nachdem ich Michael auf einem Campingplatz-Fernseher bewundert habe, bin ich drei Wochen lang Bettnachbar meines Kindheitsidols. Wir reden den ganzen Tag miteinander. Michael erzählt mir, dass er in den letzten paar Jahren Bluttransfusionen verwendet hat. Zuerst über eine Wiener Klinik namens Humanplasma – unsere Teamkollegen Michael Rasmussen und Denis Menschow gingen auch dorthin. Als das Netzwerk aufflog, wechselten die beiden Michaels zu Stefan Matschiner, einem österreichischen Sportmanager. Matschiner hatte schlicht und ergreifend das Inventar von Humanplasma gekauft und sich zeigen lassen, wie Bluttransfusionen funktionieren.

Bei der Tour 2007 verwendet Boogerd, soweit ich weiß, keine Blutbeutel. Wir benutzen beide das Dynepo aus Slowenien. Acht Mal setzen Michael und ich uns während dieser Tour eine Spritze mit jeweils 2.000 Einheiten. Angst, erwischt zu werden, habe ich nicht: Dynepo ist nicht nachweisbar, sagt Michael, und ich glaube ihm. Wir gebrauchen auch täglich Kortison.

Das verwendete Produkt heißt Diprofos. Dafür haben wir ein ärztliches Attest. Ich könnte nicht mal sagen, aus welchem Grund – es ist eine Farce. Mit dem Kortison können wir im Rennen mehr aus uns herausholen, mehr an die Substanz gehen. Und außerdem wird man schön mager davon: Ich wiege nur noch 68 Kilo bei 1,88 Meter Körpergröße – so dünn werde ich später nie wieder sein.

Der *grand départ* der Tour ist in London. Wir reisen eine Woche vorher an. Am Donnerstag vor dem Start gibt es eine Kontrolle von der UCI. Mein Hämatokritwert liegt bei 45 Prozent, aber Michaels bei 50. Es ist eine Gratwanderung am äußersten Rande des Erlaubten. Michael stellt plötzlich ein Risiko dar: Nur einen Prozentpunkt höher, und er fällt bei der Dopingkontrolle durch. Die Ärzte des Teams schlagen vor, jeden Morgen um sechs Uhr, bevor die Kontrolleure anklopfen können, eine Infusion mit einer Wasserlösung in seinen Körper laufen zu lassen. Auf diese Weise sinkt der Hämatokrit um zwei oder drei Prozentpunkte. »Guter Plan«, sagt Michael.

Am selben Abend sitzen wir auf unserem Hotelzimmer und langweilen uns. Wir haben zusammen eine Flasche Wein geleert, aber das reicht uns nicht an Amüsement. Alkohol ist ja ganz schön und nett, aber Frauen bringen doch mehr Spaß. Also mache ich mich im Internet auf die Suche nach einigen Escort-Damen. Um ein Uhr in der Nacht stehen ein paar osteuropäische Prostituierte vor unserer Zimmertür. Michael und ich sind ein bisschen enttäuscht: Auf den Fotos im Internet haben sie deutlich besser ausgesehen. Sonderlich glamourös ist das alles eh nicht, mitten in der Nacht in einem kleinen Hotelzimmer. Wir wählen beide eine der Damen aus.

Um drei Uhr in der Früh legen wir uns schlafen. Nur drei Stunden später klingelt auch schon wieder der Wecker: Michael muss an den Tropf. Die ersten paar Tage legt ihm noch Teamarzt Van Mantgem die Infusion an, dann sagt er, dass Michael es auch selbst erledigen kann. Am Anfang werde ich jedes Mal von seinem Wecker wach, aber nach ein paar Tagen fange ich an, mich daran zu gewöhnen. Um Punkt sechs sticht Michael sich eine Infusionsnadel in den Arm, und ich drehe mich noch mal um. Wenn es so etwas wie ein normales Leben gibt, dann haben wir uns Lichtjahre davon entfernt.

Wir haben bei der Tour 2007 ein Team, das zu den besten im gesamten Peloton gehört. Neben Boogerd sind auch noch Michael Rasmussen, Denis Menschow, Óscar Freire, Pieter Weening, Juan Antonio Flecha, Grischa Niermann und Bram de Groot für uns dabei. Bei der Teambesprechung vor dem Start sagt Rasmussen, dass er die Tour gewinnen will. Wir anderen müssen darüber ein wenig lächeln. In meinen Augen ist es reine Wichtigtuerei - ich denke, er sagt es nur, damit er selbst nicht als Helfer für andere arbeiten muss. Wir wissen da noch nicht, dass er bei den Whereabouts, den Anti-Doping-Meldepflichten, über seinen Aufenthaltsort gelogen hat, und auch nicht, dass er bis zur Halskrause voll mit Doping ist - obwohl wir Letzteres schon vermuten. Wir wissen tatsächlich auch nicht, dass er von den Teamärzten Dynepo-Injektionen aus unserem Vorrat bekommt: Davon hören wir erst lange nach der Tour.

Rasmussen ist so dünn, dass man durch ihn hindurchsehen kann. Wenn er überhaupt etwas isst, dann eine Reiswaffel mit nichts drauf. Bei einer der ersten Etappen fährt er direkt hinter mir, als die ganze Meute bei einer Windkanten-Situation plötzlich an den Straßenrand rüberzieht. Er ruft mir zu, dass ich einen Meter entfernt vom Straßenrand fahren soll, damit ich ihn komplett aus dem Wind nehme und er Kraft sparen kann. Offen gesagt, finde ich das Ganze ziemlich lächerlich. Für einen Moment überkommt mich die Versuchung, ihm einfach ein »Leck mich!« entgegenzuschleudern. Aber weil ich gerade völlig mühelos im Feld mitrolle, mit dem Finger in der Nase, tue es doch für ihn.

Rasmussen behält recht: Er ist in der Tat sehr gut drauf. Bei der ersten echten Bergetappe der Tour greift er sechzig Kilometer vor dem Ziel an und zieht unaufhaltsam davon. Wir sehen ihn erst im Ziel in Tignes wieder, im Gelben Trikot. Abends am Essenstisch ist die Stimmung prächtig. Es gibt Champagner für alle – Rasmussen selbst nippt natürlich nur mal kurz dran – und die Teamleitung bestellt eine Flasche Wein nach der anderen. Von diesem Tag an fahren wir für Rasmussen. Er behauptet sich im Zeitfahren ordentlich, und bei den nächsten Bergetappen nimmt er seinen Kontrahenten Alberto Contador, Cadel Evans und Carlos Sastre sogar noch mehr Zeit ab. Wir fangen an zu glauben, dass dieser seltsame Däne tatsächlich die Tour gewinnen kann.

Es werden Fahrer aus anderen Teams beim Doping erwischt: Alexander Winokurow und Cristian Moreni verschwinden beide durch die Hintertür aus der Tour. Aber an unserem Tisch geht es nicht um Doping. Auch nicht, als in den Medien Geschichten auftauchen, dass Rasmussen gelogen hat, als er angab, sich vor der Tour in Mexiko aufzuhalten. Wir sprechen

Rasmussen nicht darauf an, wir stellen ihm keine Fragen. Vor ihm als Rennfahrer haben wir auf jeden Fall Respekt. Er hat es ziemlich klug angestellt, finden Boogerd und ich. Er hat für sich selbst ein System ausgeheckt, und anscheinend funktioniert es – immerhin fährt er im Gelben Trikot. So einfach ist das. Doping ist überall. In unserem Team, in anderen Teams. Dynepo, Kortison, Blutbeutel, frühmorgendliche Infusionen, um den Hämatokritwert zu drücken, Schlaftabletten – wenn man rund um sich herum nur Absurditäten sieht, beginnt man irgendwann zu denken, es wäre normal.

Die letzte Bergetappe endet in diesem Jahr oben auf dem Col du Aubisque. Es ist der wichtigste Tag der Tour: Wir müssen Rasmussens Führung über die Pyrenäen bringen. Der Tag beginnt seltsam. Dopinggerüchte wabern in der Luft. Rasmussen liegt unter Beschuss, das Team Astana wird nicht mehr an den Start gehen, einige französische und deutsche Teams streiken aus Protest, weil sie es satt hätten, dass die Doper ihren Sport kaputtmachten. Mich interessiert das alles einen feuchten Kehricht. Mir ist nicht bewusst, welche Auswirkungen es haben könnte, denn ich beschäftige mich nur mit dem Rennen – das erfordert meine ganze Aufmerksamkeit. Die Anfangsphase der Etappe ist noch ruhig, aber dann kommen die ersten Berge, und je mehr die Etappe voranschreitet, desto mehr werden wir angegriffen. Wir müssen das Letzte geben. Ich fühle meine Beine nicht. Es rollt wie von selbst. Ich bin an diesem Tag stark wie ein ganzes Team von Helfern. Bergauf fahre ich an der Spitze, in den Abfahrten gebe ich an der Spitze das Tempo vor, und auch im Tal fahre ich vorne im Wind. Das Peloton an meinem Hinterrad wird immer kleiner.

Rasmussen ruft ab und zu nach vorn, dass ich es nicht übertreiben soll. Es ist mein bester Tag auf dem Fahrrad überhaupt.

Vor dem Schlussanstieg schere ich aus – jetzt müssen andere es zu Ende bringen. Ich sehe an Rasmussens Gesicht, dass er noch immer frisch wie der junge Morgen ist. Ich weiß es lange, bevor die Etappe vorüber ist: Es ist vollbracht. Wir haben die Tour gewonnen. Im Teambus herrscht Euphorie. Wir klatschen uns ab, wir reden schon über die Siegesfeier in Paris. Aber bereits während der Fahrt mit dem Bus zum Hotel verändert sich die Stimmung. Theo de Rooij bekommt einen Anruf. Sein Gesicht verfinstert sich. Er geht nach hinten in den Duschbereich, so dass wir nichts von dem Gespräch mitbekommen.

Warum es geht, weiß ich nicht, aber ich bekomme eine Ahnung, als Stefano Cecchini mich anruft. Er sagt, dass Enrico Cassani als Kommentator im italienischen Fernsehen erzählt hat, wie er Rasmussen in den Dolomiten begegnet sei, und zwar zu einer Zeit, als dieser laut seinen Whereabouts in Mexiko war. Ich kapiere, dass dies keine gute Nachricht ist. Als der Bus im Hotel in Pau ankommt, ist unsere Freude etwas gedämpft.

Wir glauben nicht, dass die Mexiko-Affäre wirklich große Konsequenzen haben wird – bis zu dem Moment, da Rasmussen an die Tür des Zimmers klopft, auf dem Boogerd und ich liegen. Als er reinkommt, kann ich ihm ansehen, dass er geweint hat. »Sie nehmen mich aus der Tour«, sagt er. »Was?«, fragt Boogerd: »Was meinst du damit?« Rasmussen stammelt: »Theo macht es. Theo nimmt mich aus der Tour.« Ich stehe von meinem Bett auf. Boogerd ist aufgebracht, ich auch. Wir sagen Rasmussen, dass wir die Angelegenheit auf der Stelle mit De Rooij klären werden. Wir machen uns auf die Suche nach ihm. Wir finden De Rooij auf seinem Zimmer. Wir fangen gleich an, ihn anzuschreien. »Was soll der Mist? Rasmussen aus der Tour nehmen? Wie kannst du so was nur machen?« Aber ob wir nun schreien, bitten oder betteln: De Rooij ist unerbittlich. »Er muss raus.« Die Entscheidung ist gefallen. Michael Rasmussen startet morgen nicht mehr.

Boogerd und ich sind stinksauer. Wir fühlen uns belogen und betrogen. Wir fühlen uns beraubt. Es kommt mir vor, als hätte ich zwei Wochen lang für nichts und wieder nichts vorne im Wind geschuftet. Es ist nicht einmal die Siegprämie, die mir durch die Lappen geht, es ist vor allem der Tour-Sieg, für den wir alle als Team gefahren sind. Das ist es, wie ich in diesem Moment empfinde: Ich habe jegliches Gefühl für Realität verloren. Ich lebe in einem Kokon, in dem andere Regeln gelten und andere Sitten. Dass Rasmussen gelogen hat: Was soll's? Haben wir nicht alle schon mal was getan, was nicht rechtens ist? Ausgerechnet die Teamärzte sind uns doch beim Doping behilflich! Ich habe nie mit De Rooij über Doping gesprochen, aber ich kann mir beim besten Willen nicht vorstellen, dass er glaubt, Rasmussen würde die Tour ohne Doping gewinnen. Er ist doch nicht dumm, oder? Die Art von Teamleitung, die er und Erik Breukink verkörpern, ist bestenfalls eine Art von »Nichts hören, nichts sehen, nichts sagen«-Toleranz. Sie verlangen, dass wir in den Rennen gut fahren, aber sie wollen nicht wissen, wie wir das hinbekommen. Sie fragen lieber nicht nach, denn dann müssen sie sich auch nicht mit den unbequemen Wahrheiten auseinandersetzen.

Spät am Abend gibt es ein Treffen im Mannschaftsbus. Drinnen, im Hotel, können wir uns nirgends zusammensetzen – es ist alles voller Journalisten. Im Bus herrscht eine Atmosphäre, wie ich sie nur von Beerdigungen kenne. Wir sind wütend, wir sind traurig, wir sind frustriert. Wir beschließen einstimmig, am nächsten Tag nicht mehr an den Start zu gehen. Sie schicken ein Flugzeug aus den Niederlanden, um uns abzuholen. Der Bann ist gebrochen. Ich bin fertig mit der Tour. Die Erschöpfung des Rennens überfällt mich schlagartig. Hunger habe ich nicht: Ich esse den ganzen Abend nichts. Stattdessen fangen wir mit dem gesamten Team an, uns zu betrinken. Um vier Uhr morgens fallen Boogerd und ich völlig geplättet in unsere Betten. Keinen Funken Kraft mehr, im Kopf nicht und in den Beinen nicht.

Aber drei Stunden später klopft Erik Breukink an der Tür. Ob wir nicht doch starten wollen? Wir könnten doch nicht einfach das wichtigste Rennen des Jahres verlassen. Die Zukunft des Teams stehe auf dem Spiel: Bei der Bank wollen sie, dass wir weiterfahren. Ich sage: »Auf gar keinen Fall.« Aber Michael lässt sich, zu meinem Erstaunen, recht schnell umstimmen. Ich stapfe ins Bad, schließe die Tür hinter mir, lege mich in die Wanne und lasse kaltes Wasser über mich laufen. Die können mich alle mal. Ich werde, in Teufelsnamen, nicht mehr starten. Ehrlich nicht. Nach einer Viertelstunde kommt Piet, der Fahrer des Teambusses, und setzt sich zu mir. Er tätschelt mir den Kopf. Er sagt, dass er volles Verständnis dafür habe, wenn ich keinen Sinn mehr darin sehe, aber dass es doch besser wäre, wieder aufs Rad zu steigen. »Wenn nicht für dich selbst, dann tu es für das Team. Für uns alle.« Ich seufze und hieve mich aus der Badewanne. Mehr als eine Stunde, bevor wir zum Start aufbrechen, sitze ich bereits im Teambus. Mit Tränen in den Augen schaue ich hinaus. So hatte ich mir meine erste Tour de France nicht vorgestellt. Als wir am Start aussteigen, werden wir von den Zuschauern ausgebuht. »Dopage« und »tricheurs« rufen sie uns zu. Michael kann sich gerade noch beherrschen, nicht einem Mann aus dem Publikum eine zu pfeffern, als dieser ihm auf Niederländisch irgendwas über Doping an den Kopf wirft.

Ich schleppe mich irgendwie über die letzten vier Etappen nach Paris. Dort war eigentlich eine große Feier geplant, von der aus wir mit einem komplett gelben Zug zur Rabobank-Zentrale in Utrecht fahren sollten. Eigentlich. Stattdessen treffen wir uns nun in einem kleinen Saal in irgendeinem austauschbaren Pariser Hotel. Es gibt nichts zu feiern. Noch am selben Abend werde ich von Kees, Karien und Linda abgeholt. In den Wochen, Monaten und Jahren, die folgen, gibt es seitens des Teams keine Aufarbeitung oder Untersuchung dieser Tour. Als ob sie nicht wissen wollen, was in der Mannschaft passiert. Niemand fragt uns etwas. De Rooij nicht, Breukink nicht, Rabobank nicht. Es wird einfach nie mehr darüber gesprochen.

19.

Ich sehe es nicht. Oder vielleicht will ich es nicht sehen. Ich rase direkt auf den Abgrund zu, aber ich halte nicht an. Ich bin mit Feuereifer dabei, meine eigene Karriere zu zerstören. Ich werde Vierter in der Eneco Tour, ich gewinne zwei Etappen und die Gesamtwertung bei der Hessen-Rundfahrt – aber es ist nicht genug. Ich will mehr, es muss schneller gehen, ich brauche es noch extremer. Getreu dem Motto »Alles muss weg« drückt Michael in den letzten Monaten seiner Karriere noch ein wenig aufs Gaspedal, was das Doping betrifft – und ich schließe mich ihm an. Vor der WM in Stuttgart trainieren wir zusammen und spritzen uns gemeinsam seine letzten Dynepo-Vorräte. Ich überweise ihm ein paar Tausend Euro, um den Anteil zu bezahlen, den ich verbraucht habe.

Nach Stuttgart fahre ich mit meinem neuen Porsche 911, den ich bei der Gelegenheit auf deutschen Autobahnen gleich voll ausfahre. Ich teile mir das Zimmer mit Michael. Als wir ein paar Tage vor dem Rennen unseren Hämatokrit messen, gehen unsere Werte durch die Decke. Also stehen wir am Tag des WM-Rennens um sechs Uhr morgens auf, um einen Tropf mit Wasserlösung in unsere Adern laufen zu lassen. Die Kontrolleure klopfen – wie wir es fast schon erwartet haben – eine Stunde später an, aber es scheint alles problemlos über die Bühne zu gehen. Im Rennen fahre ich, als hätte ich einen Düsenantrieb unterm Sattel. Ich kann bei jeder Attacke mitgehen und werde am Ende Elfter. Aber als wir im Ziel sind, werde ich schon wieder zur Dopingkontrolle gerufen. Das kommt mir seltsam vor – ich bin noch nie zwei Mal an einem Tag kontrolliert worden. Dion van Bommel, einer der Mannschaftsärzte bei Rabobank, begleitet mich zur Kontrolle. »Thomas«, sagt er, »du hattest heute Morgen verdammt noch mal einen Hämatokrit von 49,6.« Das erschreckt mich dann doch. Mir war bewusst, dass der Wert bestimmt hoch ist, aber nicht, dass ich selbst mit einer verdünnenden Infusion noch knapp unter dem Grenzwert von 50 Prozent liegen würde. Die UCI kontrolliert mich ein zweites Mal, weil ich dringend verdächtig bin.

Am Abend bekomme ich einen Anruf von Jean-Paul van Mantgem. Er ist richtig sauer. Der Grund, warum die Ärzte des Teams ein Auge auf meinen Dopinggebrauch haben, ist ja, um zu verhindern, dass ich zu weit gehe oder unwillkommene Aufmerksamkeit der UCI errege. Ich muss mich am nächsten Morgen in Amstelveen für eine zusätzliche Blutkontrolle des Teams melden. Und ich darf den Circuit Franco-Belge nicht fahren, weil ich auch dort wieder von der UCI kontrolliert werden könnte. »Das Risiko ist zu groß«, sagt Van Mantgem.

Es ist das erste Mal, dass ich vom Team zurückgepfiffen werde. Dass ich dope, ist kein Problem, dass ich das Risiko eingehe, erwischt zu werden, schon. Ich darf ruhig Kortison, Epo und Bluttransfusionen verwenden, aber ich darf das Team nicht in Verruf bringen. Erst recht nicht nach dem, was mit

Michael Rasmussen passiert ist. Ich finde es heuchlerisch, ich fühle mich herabgesetzt. Ich verstehe nicht, dass dieselben Ärzte, die Pläne für Epo-Kuren für mich schreiben, mir nun einreden wollen, dass ich einen Gang zurückschalten soll. Nach der Saison 2007 wird im Team aufgeräumt. Unserem Sponsor haben die zurückliegenden Ereignisse haufenweise negative Schlagzeilen beschert – eine neuerliche Doping-Affäre fürchten sie in der Firmenzentrale von Rabobank wie der Teufel das Weihwasser. Zuvor hat sich nie einer der Banker in die Team-Angelegenheiten eingemischt, aber das ändert sich ab sofort. Sie schütten nicht mehr einfach Jahr für Jahr eine Tonne Geld über uns aus, nun sind sie entschlossen, stets die Finger am Puls zu halten. Theo de Rooij ist als Teammanager seiner Aufgaben entbunden worden; er wird von einem Mann von der Bank ersetzt, Harold Knebel. Rasmussen ist rausgeflogen, Boogerd hat seine Karriere beendet. Das System der Whereabouts wird verbessert, so dass die Dopingkontrolleure jeden Profi jederzeit überall aufspüren können. Die UCI führt den Blutpass ein. Auf diese Weise haben sie ein genaueres Auge darauf, ob es bei den Blutwerten der Fahrer Schwankungen und Unregelmäßigkeiten gibt.

Das Team verändert sich, der Radsport verändert sich, aber ich verändere mich nicht. Nach Saisonende ziehe ich mit Michael Boogerd um die Häuser. Am Abend der Radsport-Gala in Den Bosch, wo jedes Jahr der niederländische Radsportler des Jahres gewählt wird, klingeln Michael und ich am Eingang des Yab Yum, einem Nobelbordell in Amsterdam. Der Portier kennt uns. »Herr Boogerd, Herr Dekker, seien Sie willkommen.« Wir trinken und ficken die ganze Nacht. Es ist längst helllichter Tag, als wir wieder aus dem Laden herauskommen. Der Spaß hat uns 3.500 Euro gekostet. Die Zeitung liegt bereits auf der Fußmatte. Michael hebt sie auf, schlägt den Sportteil auf und sieht, dass ich nicht Radsportler des Jahres geworden bin. Ich kann mir nicht helfen, aber irgendwie stößt mir das sauer auf: Ich habe im Jahr 2007 zehn Siege eingefahren, aber offenbar ist das nicht genug. Ich muss noch mehr gewinnen. Aber Michaels Vorrat an Dynepo ist aufgebraucht, und es ist nicht leicht, an das Zeug heranzukommen. Also frage ich Michael nach der Nummer von Stefan Matschiner.

Im Dezember rufe ich Matschiner an. Wir sprechen kurz miteinander. Ich frage ihn, ob er noch weitere Kunden aufnimmt. Er bejaht. Mitte Dezember treffen wir uns, am Flughafen Amsterdam-Schiphol, in einem Konferenzraum im Hilton. Matschiner ist ganz anders als Fuentes. Viel jünger – ich schätze ihn auf Anfang dreißig – und viel gesprächiger. Er trägt Jeans und Sakko und schicke Schuhe. Er sieht aus wie ein junger Unternehmer. Das ist er in gewisser Weise ja auch: Er betreibt einen Dopinghandel. Er bietet, genau wie Fuentes, Eigenblut-Doping in einer langen und einer kurzen Variante. Dynepo kann ich auch von ihm beziehen. Er fängt an, die Vor- und Nachteile der verschiedenen Formen von Doping darzulegen, aber ich kenne die Details und ich weiß, was ich will. Ich mag vielleicht erst dreiundzwanzig sein, aber in diesen Dingen bin ich bereits ein alter Hase. Ich übernehme die Führung des Gesprächs. Ich sage ihm, dass ich das lange Blutdoping-System verwenden will und vor Weihnachten die ersten beiden Blutbeutel abliefern möchte. »Kein Problem«, sagt Matschiner. Dann kommt er auf das Thema Geld zu sprechen:

Er verlangt 15.000 Euro plus zehn Prozent meiner Prämien. Er schlägt vor, dass er mir dafür Rechnungen über Trainingsberatung ausstellt, aber ich will nicht. »Ich zahle bar.« Und ich sage ihm, dass ich von jetzt an nur noch mit einem Prepaid-Handy Kontakt zu ihm halten werde. Matschiner ist das recht. Wir verabschieden uns mit den Worten: »See you soon.«

Am 23. Dezember 2007 fliege ich von Brüssel nach Österreich. Früh am Morgen habe ich mich am Flughafen Zaventem mit Jacques Hanegraaf verabredet, um ihm zu sagen, was ich vorhabe. Unsere Beziehung ist so eng, dass ich ihn einweihe. Jacques hält Matschiner für eine gute Wahl. Er ist glücklich, dass ich eine neue Adresse habe, wo ich Blutbeutel einfrieren lassen kann. »Gut eingefädelt«, sagt er. Im Flugzeug nach Österreich sitzen vor allem Wintersportler. Sie unterhalten sich bereits über Pisten, Pulverschnee und Skilifte. Am Flughafen werde ich von Matschiner abgeholt. Wir fahren zusammen in ein kleines Dorf namens Steyrermühl. Dort parken wir vor einem Versicherungsbüro. Wir gehen hinein. Es sieht aus wie ein ganz normales Büro. Computer, Schränke voller Aktenordner. Aber im Keller, zwischen lauter Akten und Kartons mit Prospekten, entdecke ich eine Blutzentrifuge. Daneben befindet sich ein großer Kühlschrank. Ich setze mich in einen Sessel. Matschiner sticht eine Nadel in meinen Arm und schließt sie an einen leeren Beutel an. Ich gebe fast einen Liter Blut ab, aufgeteilt auf zwei Beutel. Nachdem Matschiner das Datum draufgeschrieben hat, packt er sie ins Gefrierfach. Er gibt mir zwei Spritzen mit Dynepo, um die Produktion roter Blutkörperchen anzuregen. Dann brechen wir auf. Auf dem Weg zum

Flughafen halten wir noch kurz an dem Haus, das Matschiner gerade baut (»Ja, die Geschäfte laufen gut.«). Am Abend sitze ich wieder im Flieger zurück nach Brüssel.

Ich schlafe die Nacht bei Linda in Hapert. Als ich am nächsten Morgen um zehn Uhr aufwache, sehe ich, dass ich elf Anrufe von meinem Vater verpasst habe. Ich rufe ihn sofort zurück. Seine Worte überschlagen sich. »Bei Kees steht ein Dopingkontrolleur auf der Fußmatte«, sagt er: »Sie suchen nach dir.« Ach, du Schreck. Ich erinnere mich, dass ich für diesen Tag »Luyksgestel« als Aufenthaltsort in mein Whereabouts-Formular eingetragen habe. In Windeseile ziehe ich mir eine Hose und ein Hemd an, steige in meinen Porsche und rase die knapp zehn Kilometer nach Luyksgestel. Ich habe Glück: Der Kontrolleur hat ein paar Stunden warten müssen, aber er ist immer noch da. Kleinlaut entschuldige ich mich bei ihm. Dann pinkele ich in einen Glasbehälter, lasse ihn versiegeln und unterschreibe die Papiere. Als der Kontrolleur aufbricht, gebe ich ihm eine Flasche Wein mit, als Entschuldigung, dass er auf mich hat warten müssen.

Ich schaue ihm noch hinterher, wie er mit der Kühlbox in der Hand den Weg durch den Vorgarten hinabgeht. Mir ist bewusst, dass ich mir gerade Dynepo gespritzt habe. Aber ich habe keine Angst, in Schwierigkeiten zu geraten. Es ist ja nicht nachweisbar.

Noch nicht.

20.

Auf dem Boden des Badezimmers ist eine riesige Pfütze Blut – und ich sitze mittendrin. Immer wieder steche ich mit einer dicken Nadel in meinen Arm. Noch mal und noch mal und noch mal. Es gelingt mir nicht. Es gelingt mir verdammt noch mal nicht. Ich dachte, ich würde es hinbekommen, mir selbst eine Bluttransfusion anzulegen. Aber es ist schwieriger, als ich geglaubt hatte. Die Nadel ist dicker, als ich es gewohnt bin, ich bekomme das verdammte Ding nicht in meine Vene. Mein Arm verwandelt sich in einen Schweizer Käse. Ich bin erschöpft; es ist vier Uhr morgens. Ich verfluche mich selbst, ich verfluche diesen Idioten von Matschiner, ich verfluche den Freund, den er geschickt hat, um den Blutbeutel abzuliefern. Warum hat er nicht jemand nach Lucca geschickt, der weiß, wie man so eine Bluttransfusion zum Laufen bringt?

Ich bin von allen guten Geistern verlassen. Ich habe alle Grenzen überschritten. Ich verwende Blutbeutel, ich spritze Dynepo, ich bitte mein Team um Kortison-Injektionen. Wäre dies alles ein Pokerspiel, dann hieße es, der Dekker ist »All-in« gegangen. Das Team hat keinen Zugriff mehr auf mich. Beim ersten Trainingslager mit der Mannschaft in Spanien treffe ich Harold Knebel. Gewiss ein netter Mann, aber von Radsport hat er keinen blassen Schimmer. Er hat auch keine Ahnung, was im Team läuft oder gelaufen ist. Jean-Paul van Mantgem habe ich im Gegensatz zu Knebel durchaus über meine neue Anlaufstelle für Blutbeutel in Kenntnis gesetzt. Er ist damit zufrieden; mit Bluttransfusionen würde ich das geringste Risiko eingehen, erwischt zu werden. »Aber«, fügt er gleich hinzu, »wir müssen sicherstellen, dass dein Hämatokrit nicht höher ist als 45, höchstens 46. Ansonsten fällt es in deinem Blutpass auf.« Ich nicke, aber was er sagt, geht mir zum einen Ohr rein, zum anderen wieder raus.

Anfang 2008 habe ich immer noch Probleme mit meiner Hüfte. Ich laufe einem Trainingsrückstand hinterher. Aber als ich mich in Behandlung von Cor van Wanroy begebe, einem Masseur aus Brabant, verschwinden die Beschwerden im Nu. Vor der Vuelta a Castilla y León spritze ich mir Dynepo. Ich besorge es mir von Michael Boogerds Kontaktmann, der es mir gut verpackt aus Slowenien zustellen lässt. Via DHL. Michael bezahlt den Slowenen, ich bezahle Michael. Mit dem Dynepo im Blut fliege ich plötzlich wieder. In Castilla y León werde ich Dritter in der Gesamtwertung und fahre fast bei jeder Etappe unter die ersten drei. Vor der Baskenland-Rundfahrt will ich mir auch noch Eigenblut refundieren lassen. Eigentlich soll Matschiner den Blutbeutel selbst vorbeibringen, aber anscheinend ist etwas dazwischengekommen. Ein Freund von ihm bringt die Lieferung mitten in der Nacht bei mir in Lucca vorbei. Er weiß nicht, wie so eine Transfusion abläuft, und außerdem muss er noch weiter nach Rom. Sein Auto liegt voll mit Dopingmitteln für eine Reihe von italienischen Sportlern. Und so sitze ich jetzt also mit diesem Blutbeutel in meinem Badezimmer. Irgendwo in meinem Hinterkopf fleht eine Stimme, dass ich den Blutbeutel wegwerfen soll, dass ich endlich in mich gehen und darüber nachdenken soll, was ich hier eigentlich treibe. Aber ich weigere mich, zuzuhören. Das Blut muss und wird seinen Weg zurück in meinen Körper finden. Und tatsächlich, es gelingt. Um sechs Uhr, als es draußen langsam schon wieder hell wird, ist das Blut, wo es hingehört: in meinem Körper. Ich spüle den leeren Beutel aus, schneide ihn in Stücke und werfe ihn in den Müllsack.

In der Baskenland-Rundfahrt werde ich Dritter in der Gesamtwertung, hinter Alberto Contador und Cadel Evans. Danach fliege ich nach Luyksgestel, wo Matschiner vorbeikommt, um mir als Extra-Ration vor den Frühjahrsklassikern noch einen Beutel Blut wiederzuzuführen. Es kommt mir vor wie eine Lieferung vom Pizza-Boten. Zu Hause packt er den Blutbeutel in einen Rollkoffer, fliegt damit nach Düsseldorf, nimmt sich einen Mietwagen und fährt zu mir. Er nimmt ein kleines Gemälde von der Wand meines Schlafzimmers, hängt den Beutel an den freien Nagel und lässt das Blut in meine Adern laufen. Dann gebe ich ihm 15.000 Euro – in bar – und er ist wieder verschwunden.

Ich fühle mich unbezwingbar. Unantastbar. Ich sage jedem, der es hören will, dass ich es in den Frühjahrsklassikern unglaublich krachen lassen werde. In einem Interview mit NOS, dem öffentlich-rechtlichen niederländischen Rundfunksender, kündige ich lauthals an, dass beim Amstel Gold Race keine fünf Fahrer vor mir landen werden. Mein Blut ist in Topform. Einen Tag vor dem Rennen kommt eine Frau vom Labor in Amstelveen ins Hotel in Maastricht, wo wir mit dem Team untergebracht sind. Sie nimmt mir Blut ab, um zu prüfen, wie hoch mein Hämatokrit ist. Ich liege bei 48,2. So hoch, dass es auffallen würde, sollte die UCI mich kontrollieren. Ich bin zufrieden damit. Für mich ist es der Beleg, dass ich mich gut präpariert habe. Aber beim Team sind sie weniger glücklich mit meinem Hämatokritwert. Die Teamärzte flippen wieder aus und schieben Panik. Ihnen wird bewusst, dass ich ein unkontrollierbares Projektil geworden bin. Das Monster, das sie mitgeschaffen haben, ist nicht mehr zu bändigen. Sie denken sich eine Sanktion für mich aus: Zur Strafe darf ich in den Frühjahrsklassikern nicht mit Kortison fahren. Ein ärztliches Attest für eine erfundene Verletzung könnte mich bei der UCI verdächtig machen. In meinen Augen ist es eine völlig lächerliche Maßnahme. Ich flehe Van Mantgem und Van Bommel um Kortison an, aber sie geben mir nichts.

Die Teamärzte denken auch nicht länger daran, gemeinsam mit mir meinen Hämatokrit zu drücken. Am Morgen des Amstel Gold Race muss ich mir selbst einen Beutel mit Wasserlösung reinlaufen lassen. Das ist in Ordnung: Ich habe mir in der Apotheke ein paar Infusionen gekauft. Ich teile mir bei diesem Rennen ein Zimmer mit Laurens ten Dam. Ich kenne ihn seit Jahren: Wir haben beim selben Verein in Nordholland mit dem Radsport begonnen. Laurens ist einer der ganz wenigen Fahrer, für die ich in Bezug auf Doping meine Hand ins Feuer legen würde. Er nimmt nichts. Er sagt, er ist nicht der Typ dafür. Rennen fährt er nur aus Spaß an der Freud, und seine Leistungen sind im Laufe der Jahre Stück für Stück ein bisschen besser geworden. Er fühlt nicht diesen Druck, unbedingt große Rennen gewinnen zu müssen. Nicht von seinem Team, nicht aus sich selbst heraus. Als der Wecker um sechs Uhr in der Früh klingelt, krieche ich leise aus dem Bett, um Laurens nicht zu wecken. Im Bad lege ich mir einen Tropf an. Aber ich versaue es komplett – wieder mal. Wieder und wieder hacke ich mir die Nadel in den Arm. Das Blut spritzt umher. Laurens wird wach und lugt aus schläfrigen Augen ins Badezimmer hinein. Er erschreckt sich zu Tode. Die Wände sind voller Blutspritzer. Als es schließlich doch gelingt und die Lösung in meine Blutbahn läuft, hilft er mir kopfschüttelnd beim Saubermachen.

Im Rennen sind in der Tat keine fünf Fahrer besser als ich: Ich werde Fünfter, sechs Sekunden hinter dem Sieger Damiano Cunego. Danach werde ich auch Fünfter beim Flèche Wallonne, den Kim Kirchen für sich entscheidet, und Sechster bei Lüttich-Bastogne-Lüttich, hinter Alejandro Valverde. Ich bin mit in der Verlosung, ich mische mit unter den Großen des Metiers, aber ich fahre auf einem Cocktail aus Doping, Stress und ungesundem Ehrgeiz. Ich gehe über meine Grenzen und über die meines Teams. In der Tour de Romandie geschieht es dann, ganz plötzlich, von einem Moment auf den anderen. Nur noch eine Bergetappe liegt vor uns, und ich bin Zweiter in der Gesamtwertung. Dass ich die ganze Nacht kotzend und mit Durchfall auf dem Klo gesessen habe, macht mir nichts aus: Ich bin hier, um zu gewinnen. Ich lasse das Team für mich die Tempoarbeit machen, denn ich will Andreas Klöden, den Führenden in der Gesamtwertung, angreifen. Aber plötzlich fühle ich, wie mir alle Energie aus den Beinen rinnt.

Ich bin hinüber. Ich will nicht mehr. Ich höre auf zu treten und falle aus der Gruppe der Favoriten zurück. Ein TV-Motorrad kommt neben mich gefahren. Ich lächle in die Kamera – als ob mich das alles nicht im Geringsten interessieren würde. Ein paar Kilometer weiter sehe ich unseren Teambus in der Verpflegungszone stehen. Ich steige vom Rad. In der Teamleitung toben sie vor Wut. Am nächsten Morgen verfrachten sie mich in einen Zug nach Hause. Einer der Soigneurs setzt mich an einem Bahnhof irgendwo mitten in der Schweiz ab, und das war's. Ich bekomme einen Anruf von Harold Knebel. Er blafft mich an. Was mir einfallen würde, erst das ganze Team für mich fahren zu lassen und dann einfach auszusteigen? So ginge es nicht. Ich lache ihn aus. Das Team hat mich von Rennen zu Rennen geschickt, sie haben mich ausgewrungen wie einen Küchenschwamm, bis auf den letzten Tropfen – aber wenn ich irgendwann nicht mehr kann, wenn meine Kräfte versiegt sind, dann bin ich plötzlich nicht mehr gut genug? Und nebenbei gesagt: Es ist mir zu blöd, mir von irgendeinem dahergelaufenen Banker sagen zu lassen, wie man Radrennen fährt. Ich erkläre ihm ja auch nicht, wie hoch er die Zinssätze festsetzen soll.

Ich mache, was ich will. Ich lebe in einer Wahnwelt. Ich interessiere mich nur für mich selbst und sonst nichts. Zwei junge Geschäftsleute, die Brüder Eelco und Martijn Berkhout, versuchen schon seit einer Weile, eine eintägige Radtouristik-Veranstaltung auf die Beine zu stellen, die meinen Namen trägt: der Gran Fondo Thomas Dekker. Der Erlös soll an die Johan-Cruyff-Stiftung gehen. Es ist ein gemeinsames Treffen im Olympiastadion verabredet, um alles zu besprechen. Johan Cruyff ist extra nach Amsterdam gekommen. Seine Assistenten sind da, Martijn und Eelco sind da. Sie warten auf mich. Fünfzehn Minuten. Eine halbe Stunde. Eine Stunde. Sie rufen mich an, aber ich gehe nicht ans Telefon. Erst nach zwei Stunden erreichen sie mich. Ich bin gerade aufgewacht, in meiner Wohnung in Lucca. Den Termin mit Johan Cruyff habe ich total vergessen. Martijn und Eelco sagen ihm, dass ich mitten in einem harten Trainingsblock stecke und sehr viel um die Ohren habe. Cruyff versteht das. »Das liegt in der Natur der Sache«, sagt er zu den beiden.

Meine Beziehung zu Rabobank verschlechtert sich weiter. Aus einem feinen Riss zwischen mir und dem Team ist ein unübersehbarer Spalt geworden. Doch das ist mir einerlei. Wenn Rabobank nicht hinter mir steht, suche ich mir halt ein anderes Team. Zwei Wochen nach der Tour de Romandie fahre ich von Italien aus zu Matschiner, um zwei Beutel Blut für die Tour de France abzuliefern. Auf dem Weg nach Österreich mache ich eine Zwischenstation bei einem Spielcasino in der slowenischen Stadt Nova Gorica. Ich verzocke in kürzester Zeit ein paar tausend Euro. Auf dem Rückweg brettere ich mit zweihundert Sachen über die österreichische Autobahn. Das heißt, ich brettere, bis ich von der österreichischen Polizei rausgewunken werde. Als ich sehe, dass einer der Beamten eine Sportuhr mit Herzfrequenzmonitor ums Handgelenk trägt, fange ich ein bisschen Small Talk über Radsport an und markiere den dicken Max. Am Ende zahle ich nur zwei läppische Geldbußen über 35 Euro. Schallend lachend fahre ich weiter. Ich bin Joker aus Batman. Ich glaube aufrichtig, dass ich mit allem durchkomme, was ich anstelle. Ich stehe über dem Gesetz. Ich habe Erfolg, ich habe Geld, ich habe Frauen. Die Öffentlichkeit und die Medien haben mich auf ein Podest gehoben, die Welt liegt mir zu Füßen. Ich habe meine Flügel ausgebreitet und fliege hoch, höher, ganz hoch hinaus. Ich bin über alles und jedes erhaben. Aber in Wirklichkeit hat der Absturz bereits begonnen.

Ende Mai bekomme ich einen Anruf von Jean-Paul van Mantgem. Es gibt ein Problem. Die UCI hat das Team informiert, dass es in meinem Blutpass vor auffälligen Werten nur so wimmelt. Sie verdächtigen mich des Dopingmissbrauchs. Ich muss zu einer Anhörung in die Schweiz kommen, zum Hauptsitz der UCI in Aigle. Ich fühle, wie mir das Blut aus dem Gesicht weicht. Es ist ein Augenöffner, eine direkte Konfrontation mit der Realität. Über Monate und Jahre hinweg habe ich mich nie für irgendetwas verantworten müssen, und jetzt soll ich erklären, wie es kommt, dass meine Blutwerte wild auf- und abhüpfen wie ein hyperaktives Kind im Süßigkeitenladen.

In den Wochen danach bekomme ich kein anständiges Training mehr auf die Reihe. Meine Moral ist völlig im Keller. Ich empfinde mich nicht mehr als Radrennfahrer – ich bin ein Verdächtiger. Jacques Hanegraaf besorgt mir einen Anwalt, Hans van Oijen. Wir fliegen in die Schweiz, wo wir Jean-Paul van Mantgem treffen. Er spricht kaum ein Wort mit mir. Wir haben einen Termin mit der UCI in einem Konferenzraum eines Hotels in der Nähe von Aigle. Die UCI wird in dem Gespräch von Mario Zorzoli vertreten, einem italienischen Arzt, der als Leiter der medizinischen Kommission beim Weltverband tätig ist. Die Atmosphäre am Tisch ist angespannt. Zorzoli legt meine Blutwerte vor und erklärt, wie das System funktioniert. »Dies sind Ihre Blutwerte. Die geben wir in eine Formel ein und daraus ergibt sich ein Prozentsatz, der angibt, wie wahrscheinlich es ist, dass Sie Doping verwendet haben.« Für einen Moment ist er still. »Bei Ihnen beträgt diese Wahrscheinlichkeit 99,9 Prozent.« Er schaut mich an. Ich sage nichts. Ich weiß auch nicht, was ich sagen sollte. Mein Anwalt interveniert. »99,9 Prozent, sagten Sie? Das sind keine hundert Prozent, oder?« »Ähm, ja, das stimmt«, entgegnet Zorzoli. »Und wenn es keine hundert Prozent sind, dann darf er doch ganz normal Rennen fahren, oder?« Zorzoli nickt. Van Oijen zieht ein Schriftstück aus seiner Aktentasche. »Würden Sie genau dies bitte vonseiten der UCI bestätigen? Dass Thomas normal Rennen bestreiten darf?« Van Oijen schiebt das Schriftstück und einen Kugelschreiber zu Zorzoli rüber. Zorzoli kratzt sich am Kopf. Dann nimmt er den Stift und unterzeichnet das Papier. Van Oijen schaut ihm zufrieden zu.

Warum ich nun eigentlich in die Schweiz kommen musste, weiß ich immer noch nicht. Es wird wohl so sein, dass Zorzoli mich warnen möchte. Als ob er mir unmissverständlich zu verstehen geben will, dass sie mich auf dem Kieker haben. Aber was will er damit bezwecken? Dass ich aufhöre mit dem Doping? Oder dass ich es besser verberge?

Beim Team haben sie die Faxen dicke mit mir. Ich darf nicht mit zur Tour de France, und ich bekomme auch keine Aufforderung, bei der niederländischen Meisterschaft mit an den Start zu gehen. Das stört mich nicht. Ich starte trotzdem. Ich fahre nach Ootmarsum und frage nach einem Zimmer in dem Hotel, in dem das Team Rabobank untergebracht ist. Ich bekomme eines in einem anderen Flügel des Gebäudes. Ich bin bei allem außen vor, werde nirgends einbezogen. Von anderen Fahrern höre ich, wo die Teambesprechung stattfindet. Im Flur laufe ich Knebel und Breukink über den Weg. Sie schauen mich mit verkniffenen Gesichtern an. Ich grinse sie frech an wie ein pubertierender Teenie, der gerade aus dem Klassenzimmer geflogen ist. Ich möchte ihnen zeigen, dass sie mir nichts anhaben können. Ich tue noch arroganter und abgebrühter, als ich es eh schon bin. Als die Tour beginnt, schickt Rabobank mich zur Sachsen-Rundfahrt. Lustlos sitze ich die Etappen ab. Der Fernsehmacher Wilfried de Jong dreht eine Reportage über mich, aber auch das interessiert mich nicht die Bohne. Während meine Teamkollegen vor einer der Etappen direkt zum Start fahren, halte ich vor dem Schaufenster eines Juweliers. Die Kamera schneidet mit, wie ich mir in Seelenruhe völlig überteuerte Uhren ansehe. Ich bin ein verwöhntes, eingebildetes Kind, und ich schäme mich nicht dafür. Oder genauer gesagt: Ich tue so, als ob. Ich wappne mich mit einem undurchdringlichen Panzer aus Arroganz.

Ende Juli erscheint ein Artikel in der Tageszeitung *de Volkskrant,* dass die UCI mich wegen schwankender Blutwerte ins Visier genommen hat. Bis heute weiß ich nicht, wie sie dahinter gekommen sind. Aber ich tue so, als ob an der Sache nichts dran ist. Beim Kriterium in Boxmeer, wo normalerweise die Fahrer der just zu Ende gegangenen Tour de France gefeiert werden, lauert ein Rudel hungriger Journalisten auf mich. Sie fragen mich nach meinen schwankenden Blutwerten und sprechen mich auf meine angespannte Beziehung zum Team an. Ich streite alles ab und verweise auf das Schriftstück, das Zorzoli unterzeichnet hat. »Es ist alles im grünen Bereich. Ich darf ganz normal Rennen fahren. Die UCI hat mir keinerlei Steine in den Weg gelegt.« Sobald ich allein bin, verfluche ich alles aus tiefstem Herzen. Ich habe das Gefühl, die ganze Welt ist gegen mich. Ich bin sauer auf die UCI, ich bin sauer auf Rabobank. Meinen Frust reagiere ich an meiner Familie und meiner Freundin ab. Ich bin voller Wut, aber ich glaube noch daran, dass ich diese Wut in Leistungen auf dem Rad umsetzen kann. Ich weiß nur noch nicht, für welches Team.

Ein paar Tage nach Boxmeer treffe ich Bernhard Kohl bei einem anderen Kriterium – beim Draai van de Kaai in Roosendaal. Wir sind zusammen im Nachwuchs-Team von Rabobank gefahren, danach haben sich unsere Wege getrennt. Kohl ist in diesem Jahr Dritter bei der Tour de France geworden. Bernhard Kohl auf dem Podium beim bedeutendsten Radrennen der Welt? Das ist schlichtweg absurd. Er ist zwar gewiss ein ordentlicher Fahrer, aber wir wissen beide, dass er nicht ohne pharmazeutische Hilfe auf diesem Niveau fahren könnte. Als wir uns vor dem Rennen auf einem ruhigen Teil des Kurses warmfahren, sage ich ihm, dass sie in Österreich ja anscheinend sehr gute Sportmanager haben. Kohl grinst. Dann erzählt er mir, dass er vor den letzten Tagen der Tour eigentlich noch einen Blutbeutel in der Hinterhand hatte, aber ihn nicht verwendet hat, weil er fürchtete, dass er es zu bunt treiben könnte. Wir müssen beide heftig lachen. Sehr heftig sogar, und in diesem Moment fühle ich mich endlich mal nicht allein.

Am Abend suche ich noch mehr Gesellschaft. Ich fahre zu Michael Boogerd, der direkt hinter der belgischen Grenze wohnt. Ich vermisse ihn im Team, ich vermisse die Zeit, in der wir alles tun konnten, was Gott verboten hat, ohne Verantwortung darüber ablegen zu müssen. Wir trinken in dieser Nacht mal wieder zu viel, wie üblich. Er, ich, seine Frau Nerena – wir picheln und picheln und picheln. Michael säuft sich buchstäblich um den Verstand. Mitten in der Nacht, nachdem wir so viel Wein und Bier getankt haben, dass wir nur noch lallen können, überfällt ihn plötzlich die Paranoia. Er wirft mir alle möglichen Dinge vor. Überall sieht er Gespenster. Er läuft in den Garten und kriecht hinter die Büsche. Als er über den Zaun klettern will, der seinen Garten umgibt, fällt er runter. Stöhnend liegt er auf dem Boden und ist dermaßen betrunken, dass Nerena einen Krankenwagen ruft. Der kommt auch ein wenig später mit heulenden Sirenen angerauscht. Aber Michael will partout nicht mitfahren. Er taumelt in sein Bett und schläft ein.

Als ich am nächsten Morgen aufwache, habe ich einen Mordskater und eine Zunge so trocken wie die Sahara. Ich habe einen Termin: Ich muss bei Harold Knebel im Büro erscheinen, in der Apollolaan in Amsterdam. Der Zweck des Gesprächs ist klar: Mein Vertrag soll aufgelöst werden. Rabobank will mich loswerden. Knebel hat einen Anwalt dabei. Ich auch. Jacques Hanegraaf ist ebenfalls anwesend. Die Atmosphäre im Konferenzraum ist eisig. Wenn ich was sage, knurre ich. Ich bin ein Junge von dreiundzwanzig Jahren, der keinen Widerspruch gewohnt ist. Knebel ist ein Mann in seinen Fünfzigern, der ebenfalls keinen Widerspruch gewohnt ist.

Im Nachhinein verstehe ich, dass sie mich aus dem Team herauskicken wollen: Ich bin eine tickende Zeitbombe. Aber in diesem Moment fühle ich mich verschaukelt. Ich sehe in Knebel nur einen verfluchten Banker, der keine Ahnung hat. Ich kann nicht glauben, dass sie mich aus dem Team werfen wollen – nicht nach dem Frühjahr, das ich hatte. Nach einer Viertelstunde sage ich: »Wenn ich kein anderes Team finde, bleibe ich. Schließlich habe ich für nächstes Jahr noch einen Vertrag.« Knebel fehlen die Worte. Er schüttelt den Kopf. »Nein, auf keinen Fall, das geht nicht. Du musst woanders hin.«

Sie wollen mich so sehr loswerden, dass sie bereit sind, mir meinen laufenden Vertrag praktisch abzukaufen. Ich bekomme mein Gehalt von achthunderttausend Euro für das Jahr 2008 auf einen Schlag ausbezahlt und dazu als Entschädigung noch dreihunderttausend Euro für das Jahr 2009. Sie bieten mir 1,1 Millionen Euro, nur damit ich mich verpisse. Ich nehme das Angebot an.

Meine Zeit bei Rabobank ist abgelaufen. Ich kam als Talent, ich gehe als Paria.

21.

Sie schleichen sich an mich heran. Ganz heimlich, aus der Dunkelheit heraus. Ich habe sie jahrelang nicht gefühlt, und ich versuche, sie zu ignorieren, aber sie sind da. Zweifel. Saison für Saison ging alles wie von selbst. Ich gewann mehr und mehr Rennen, ich fuhr auf immer höherem Niveau, ich bekam immer mehr Geld – aber jetzt ist alles anders. Ich bin nicht mehr Kapitän bei Rabobank, ich bin ein Fahrer mit einem Makel, der auf der Suche nach einem neuen Team ist.

Ich bin hin- und hergerissen. Im einen Moment beschließe ich, nie mehr zu dopen, im nächsten Moment denke ich an die Blutbeutel, die noch im Gefrierschrank bei Stefan Matschiner liegen. Ein Teil von mir will offenbaren, was ich in den letzten Jahren getrieben habe, aber ich halte den Mund. Mit Jacques Hanegraaf habe ich nur noch wenig Kontakt: Er ist inzwischen wieder Teammanager bei einem Profi-Rennstall geworden, bei Unibet, und ich habe für ihn keine Priorität mehr. Am liebsten würde ich die Vergangenheit einfach hinter mir lassen. Ich sage Eelco und Martijn Berkhout, dass sie sich daranmachen sollen, ein neues Team für mich zu suchen, aber ich breche auch nicht mit Hanegraaf. Ein Teil von mir will sich von ihm lossagen, weil mit ihm das ganze Schlamassel begonnen hat, ein anderer Teil klammert sich fest an die alte Radsportkultur: Spritzen und Pillen, Gemauschel und Kungelei. Und wenn sich jemand auf Gemauschel und Kungelei versteht, dann ist es Jacques.

Ich hatte gedacht, dass die Teams für mich Schlange stehen würden. Dass alle mich gern verpflichten würden. Dass es ein Wettbieten um meine Unterschrift geben würde. Aber nichts dergleichen geschieht. Es ist, als wäre ich radioaktiv – die großen Teams wollen sich an mir nicht die Hände verbrennen. Eelco und Martijn meinen deshalb, dass Slipstream wohl die beste Option wäre: ein neues US-amerikanisches Team, das zu dieser Zeit in der zweiten Division loslegt, um die Radsportwelt zu erobern. Sie nennen sich »The Clean Team«, weil sie eine Menge Fahrer mit einer klaren Anti-Doping-Einstellung unter Vertrag haben. Eine Unterschrift bei Slipstream wäre eine gute Möglichkeit, mein angekratztes Image wieder aufzupolieren.

Der Manager des Teams ist Jonathan Vaughters – ein ziemlich eigenwilliger Typ, der früher selbst Profi war. Während seiner Zeit als Teamkollege von Lance Armstrong hat auch er zu Doping gegriffen. Aber er hat gestanden, und nun versucht er, jungen Fahrern die Chance zu geben, sauber Rennen zu fahren. Eelco und Martijn kennen ihn, also fühlen sie vorsichtig an, ob er wohl an mir interessiert ist. Das ist er. Er verfolgt meinen Weg schon länger. Er kennt sogar meine Resultate bei den Junioren und in der U23. Vaughters hat Großes vor mit seinem Team, und in mir sieht er den Fahrer, der Slipstream auf das nächsthöhere Level führen kann. Die Geschichte meiner schwankenden Blutwerte kennt er nur vom Hörensagen. Für einen Außenstehenden ist es schwer zu beurteilen, was an solchen Gerüchten dran ist, nicht zuletzt weil Rabobank eine Pressemitteilung herausgegeben hat, die klarstellt, dass mit meinen Blutwerten alles in Ordnung sei. Ich habe Eelco und Martijn die von Zorzoli unterschriebene Erklärung gegeben. Die beiden sind noch recht neu im Profigeschäft und entsprechend unbedarft. Über Doping erzähle ich ihnen nichts, und was die schwankenden Blutwerte betrifft, verstehen sie nur die Hälfte: Der Blutpass ist gerade erst eingeführt worden, und niemand weiß genau, was es damit auf sich hat. Wenn sie nachfragen, verweise ich auf das Schriftstück der UCI. Kein Grund zur Sorge – ich darf normal Rennen fahren.

Ende Juli 2008 treffen wir uns mit Vaughters in Brüssel. Das Gespräch verläuft vielversprechend, es geht gleich in die Vollen. Vaughters kann mit einer Stange Geld locken, um mich zu überzeugen: ein Zwei-Jahres-Vertrag mit einem Jahresgehalt von anfangs siebenhunderttausend und später einer Million Euro, zuzüglich Prämien. Gleichzeitig stellt er ein paar Bedingungen. So wäre ich verpflichtet, nach Spanien zu ziehen, in eine Villa in Girona, die das Team für mich mietet – eine Menge Slipstream-Fahrer leben in der Gegend. Und meine Wohnung in Lucca müsste ich an Vaughters höchstpersönlich vermieten. Dann wüsste er genau, dass ich mich nicht in Lucca herumtreibe. Vaughters will nämlich, dass ich alle Verbindungen mit Luigi Cecchini kappe. »Sein Image ist nicht gut für dich, Thomas«, grummelt er.

Ich bin mit allem einverstanden. Vaughters ist zufrieden. Er bittet mich lediglich noch, ihm einmal die Werte aus meinem Blutpass zu schicken, damit er sie zusammen mit dem Teamarzt durchgehen kann. Wir verabreden, zwei Tage später eine Pressekonferenz abzuhalten, um meine Verpflichtung bekanntzugeben. Aber dazu kommt es nicht. Einen Tag nach unserem Treffen in Brüssel bekommt Martijn einen Anruf von Vaughters. Er hat gerade die Blutwerte gesehen und es hat ihm die Sprache verschlagen. »Setzen Sie sich lieber«, sagt er durchs Telefon zu Martijn: »Those values – it's a fucking problem, man.« Er sagt, er könne zwar nicht beweisen, dass ich gedopt habe, aber die Wahrscheinlichkeit sei doch sehr, sehr groß. Und mit dieser Sorte von Rennfahrern wolle man sich nicht einlassen. »Der Deal ist geplatzt.« Martijn ruft mich an. Er ist völlig verwirrt. Er versteht nicht, was da geschieht.

Ich springe in mein Auto und jage in einem Affenzahn von Luyksgestel nach Haarlem, wo Martijn und Eelco zu Hause sind. Kaum in der Tür, erzähle ich ihnen, dass es stimmt, dass die Werte in meinem Blutpass schwanken. Aber das Wie und Warum erzähle ich ihnen nicht. Die ganze Aufregung über schwankende Blutwerte tue ich einfach als »Bullshit« ab. Ich nutze ihre Naivität aus und bitte sie, weiter nach einem passenden Team für mich zu suchen.

Den Berkhout-Brüdern zufolge gibt es zwei weitere Optionen, nämlich zwei niederländische Teams: Skil-Shimano und Vacansoleil. Auch diese beiden Rennställe stehen eine Stufe unterhalb der ProTour, zu der Rabobank gehört. Bei Skil-Shimano hat Iwan Spekenbrink den Posten des Teammanagers übernommen. Er ist zwar interessiert, aber er brennt nicht unbedingt darauf, mich unter Vertrag zu nehmen. Erst recht nicht, als ich mich weigere, meine Blutwerte an Edwin Achterberg zu schicken, den Arzt des Teams. Und als dann der Co-Sponsor Shimano zu verstehen gibt, dass sie mich nicht im Team haben wollen, fällt auch diese Tür ins Schloss.

Bleibt also nur noch ein Team: Vacansoleil. Deren Teammanager heißt Daan Luijkx. Er ist Mitinhaber eines Wirtschaftsprüfungsunternehmens namens HH&L. Die drei Buchstaben stehen für Hanegraaf, Hoendervangers und Luijkx. Jacques Hanegraaf und er sind Schwäger: Jacques ist mit der Schwester von Daan Luijkx verheiratet. Das bedeutet jedoch nicht, dass die beiden wunderbar miteinander auskommen. Sie haben Streit um Geld – nicht lange nach meinem Gespräch mit Luijkx wird der Name der Gesellschaft geändert. Fortan heißt sie nur noch H&L: Das H für Hanegraaf ist verschwunden. Luijkx will mich auf jeden Fall unter Vertrag nehmen. Er hat gerade Vacansoleil als Sponsor an Land gezogen, und er will mit dem Team so schnell wie möglich in die ProTour. Am 25. September, einem Donnerstag, haben Martijn und ich einen Termin mit Luijkx und Hoendervangers in deren Büro in Roosendaal. Die meiste Zeit redet Luijkx. Sein Haar ist so schwarz wie der Kaffee, den seine Sekretärin serviert. Er erklärt mir, dass wir beide das gleiche Ziel haben: nach oben, so schnell wie möglich.

Sein Interesse schmeichelt mir, aber gegen Ende nimmt das Gespräch eine seltsame Wendung. »Und?«, fragt Luijkx mich: »Hast du es unter Kontrolle mit den Blutwerten?« Ich antworte: »Ja, klar. Ich habe eine schriftliche Bestätigung von der UCI, dass alles in Ordnung ist.« Er schaut mich direkt an und fragt frei heraus: »Und diese Geschichte in Spanien? Können wir damit noch Probleme kriegen?« Ich kippe fast vom Stuhl. Spanien? Was zum Teufel ist denn nun los? Woher weiß er von Fuentes? Hat Jacques den Mund nicht halten können? »Nöö«, stammle ich, »Spanien ist kein Problem.« Martijn schaut mich fragend an. Er hat keinen blassen Schimmer, worum es hier geht. Luijkx sagt: »Okay, ansonsten schaffen wir es halt gemeinsam aus der Welt.« Ich habe das Gefühl, dass er mir aufrichtig helfen will. Gleichzeitig behagt es mir gar nicht, dass er Dinge über mich zu wissen scheint, die er besser nicht wissen sollte.

Ich gehe nicht zu Vacansoleil, denn aus heiterem Himmel ergibt sich eine andere Option: die belgische Mannschaft Silence-Lotto. Der Manager des Teams, Marc Sergeant, hat Jacques Hanegraaf angerufen, weil er denkt, dass er sich immer noch um meine Belange kümmern würde. Das stört mich. Ich möchte wirklich so wenig wie möglich mit Jacques zu tun haben: Mit dem, was er über mich weiß, könnte er mich zerstören, und ich ihn. Aber gleichzeitig bin ich auch froh, dass ich dank seiner Vermittlung für ein Team fahren kann, dass in der ersten Liga mitspielt. Bei Lotto werde ich Teamkollege von Fahrern wie Philippe Gilbert und Bernhard Kohl, der von Gerolsteiner kommt. Zumindest denke ich das. Aber Mitte Oktober wird Bernhard bei Nachkontrollen von der Tour de France des Dopings mit der Epo-Variante CERA überführt. Er wird gesperrt und kehrt nie wieder ins Peloton zurück.

Ich unterschreibe meinen Vertrag bei Lotto in Varese, wo die WM stattfindet. Es fühlt sich seltsam an, dort zu sein. Ich bin selbst nicht für das niederländische Team nominiert, weil ich kaum trainiert habe und seit Juli kein Rennen mehr gefahren bin. Ich treffe mich also mit Marc Sergeant. Viel Zeit haben wir nicht: Wir schütteln uns die Hand und setzen unsere Unterschriften unter den Vertrag. Über meine Blutwerte braucht er nichts zu wissen. Er ist bereit, mir vierhunderttausend Euro pro Jahr zu zahlen, Laufzeit des Vertrags: zwei Jahre. Und ich darf einen Fahrer mitbringen. Ich weiß schon, wer das sein wird: Michiel Elijzen, ein Freund von mir. Er ist einer der wenigen Fahrer, die mir ins Gesicht sagen dürfen, wenn ich mich bescheuert verhalte. Ich habe insgeheim die Hoffnung, dass es ihm gelingen wird, mich halbwegs auf dem rechten Pfad zu halten.

Ein paar Wochen, nachdem ich meinen Vertrag unterschrieben habe, unterhalte ich mich ausführlicher mit Sergeant, bei ihm zu Hause in Belgien. Er wirkt auf mich wie ein überaus warmherziger Mann. Sein flämischer Akzent ist äußerst charmant. Am Ende des Gesprächs sagt er: »Wir sind ein nettes Team. Wir machen keine verrückten Dinge.« Ich fasse es als Warnung auf. Aber zur gleichen Zeit frage ich mich, warum er sich dann Bernhard Kohl und mich geangelt hat.

Ich möchte nicht behaupten, dass ich in jenem Moment beschlossen hätte, nie wieder zu dopen. Ich habe definitiv keinen Schlussstrich darunter gezogen. Aber ich weiß, dass ich nie wieder in die Situation zurück will, die ich in den letzten Jahren bei Rabobank erlebt habe. Ich halte den Stress nicht aus, diese permanente Angst, jeden Moment einen Anruf aus der Schweiz zu bekommen, der mich darüber in Kenntnis setzt, dass ich aufgeflogen bin. Ich will wieder Rad fahren, ich will den Radsport wieder genießen. Und ich weiß, dass ich es auch ohne Doping kann. Ich muss nur meine Ambitionen ein klein wenig revidieren. Ich bin jetzt vierundzwanzig, es liegt noch eine lange Karriere vor mir. Ich darf es nicht übertreiben, ich muss ein wenig besser auf mich achtgeben. Okay, dann werde ich halt nicht die Tour de France gewinnen – ein paar Etappen und ein Klassiker wären doch auch was. Ich sage mir, dass sich der Radsport mit der Einführung des Blutpasses verändert hat. Es ist nicht länger nötig, so viel zu dopen.

Ich bekomme wieder Lust auf Radrennen. Erst recht, nachdem ich mit Linda, Stefano und seiner Freundin Valentina Urlaub auf den Bahamas gemacht habe. Wir landen dort in einem überteuerten Club, am Ende kostet mich der Spaß 25.000 Euro. Wir trinken zu viel, ich sniefe eine Linie Koks und ich bekomme – zu meinem völligen Entsetzen – einen kleinen Bauch. Ich habe viel zu lange nicht mehr ernsthaft trainiert; ich sehne mich nach meinem Fahrrad. Ich will mich wieder als Radrennfahrer fühlen. Ich unternehme einen Versuch, mein Leben zu ordnen. Von der Abfindung von Rabobank kaufe ich ein riesiges Haus in Lommel, kurz hinter der belgischen Grenze. Mein Plan ist es, dort mit Linda zusammen einzuziehen.

Mit Lotto brechen wir zu einem Trainingslager nach Spanien auf. Auf dem Rad und beim Essen ist Flämisch ist die offizielle Teamsprache: Drei Viertel der Mannschaft kommen aus Flandern – Fahrer wie Greg Van Avermaet, Johan Vansummeren und Leif Hoste. Während des Trainings habe ich das Gefühl, dass es für mich noch ein weiter Weg ist. Ein halbes Jahr lang habe ich alles schleifen lassen: Meine Form ist unterirdisch. Aber auch wenn's wehtut, ich ziehe die Sache durch – das immerhin. Langsam, aber sicher verbessert sich meine körperliche Verfassung. Bei Lotto wird seriös gearbeitet, die Jungs nehmen die Sache ernst. Beim Abendessen kommt kein Wein auf den Tisch: In den Jahren zuvor scheint das wohl öfter mal aus dem Ruder gelaufen zu sein. Während des Trainingslagers gehen wir mit einer kleinen Gruppe von Fahrern eines Abends heimlich noch aus, aber es gerät nicht ansatzweise so außer Kontrolle wie in meinen Jahren bei Rabobank. Wir trinken zwar Alkohol in Clubs, in denen Frauen rumlaufen, die zu wenig anhaben, aber wir pinkeln nicht in die Vorhänge.

In den ersten Rennen fülle ich bestenfalls das Peloton auf. Während einer Trainingsausfahrt habe ich einen heftigen Sturz, der mich zurückwirft, und ich habe auch einfach nicht das Niveau, um vorne mitzufahren. In den Frühjahrsklassikern arbeite ich für Philippe Gilbert. Bei Lotto merke ich nichts von einem Dopinggebrauch meiner Teamkollegen. Am Tisch wird jedenfalls nicht darüber gesprochen: Belgische Fahrer sind ohnehin viel verschlossener als ihre niederländischen Kollegen. Immerhin verhilft mir Teamarzt Jan Mathieu mit einem falschen Attest zu Kortison-Spritzen. Als Doping betrachte ich das nicht – Kortison ist für mich fast so normal wie der Durstlöscher in meiner Trinkflasche. Mathieu denkt sich jedes Mal eine neue Verletzung aus: Mal habe ich Probleme mit meinem linken Knie, mal ist es meine Schulter, die Probleme macht, mal leide ich unter Sitzbeschwerden. Wenn es um die Dosis geht, spricht er von »Strichen« – gemeint sind die Markierungen auf der Injektionsnadel. Jeder Strich entspricht einem Zehntel Milliliter. Am Donnerstag vor dem Amstel Gold Race bekomme ich fünf Striche, am Samstag noch mal zweieinhalb. Wenn er mir Spritzen setzt, achtet er darauf, dass die Tür geschlossen ist, damit andere nichts mitbekommen. Aber zugleich spricht er über die Injektionen, die andere Fahrer bekommen. Mir wird klar, dass es eine gängige Praxis im Team ist. Das überrascht mich nicht: In meinen Rabobank-Jahren vor der Rasmussen-Tour war es nicht anders.

Langsam steigt mein Niveau. Ich werde Vierter in der Belgien-Rundfahrt, vor allem dank eines ordentlichen Zeitfahrens. Dann unternehme ich in der Schweiz zum ersten Mal in meinem Leben ein Höhentrainingslager: als Vorbereitung auf die Tour de Suisse und die Tour de France. Es schlägt wie erhofft an. Aufgrund der dünnen Höhenluft produziert mein Körper mehr rote Blutkörperchen. In der Tour de Suisse fühle ich zum ersten Mal, dass ich auch am Berg wieder mithalten kann. Beim abschließenden Zeitfahren werde ich Dritter hinter Fabian Cancellara und Tony Martin. Es fällt etwas von mir ab. Ich kann es immer noch, auch ohne Bluttransfusionen und Dynepo. Endlich, endlich. Ich mische wieder mit.

Am Sonntag vor dem Start der Tour de France bestreite ich die niederländische Meisterschaft in Limburg. Am Tag zuvor fahre ich nach Lüttich, damit Jan Mathieu mir Kortison spritzen kann. Von dort aus fahre ich in meinem Porsche nach Landgraaf, wo ich mit Michiel Elijzen, Dirk Bellemakers und Lotto-Teamleiter Hendrik Redant in einem Hotel untergebracht bin. Nach dem Abendessen fällt uns ein, dass wir unsere Startnummern noch besorgen müssen. Ich sage: »Ach, das kann ich gerade schnell erledigen.« Ich springe in meinen Porsche und fahre zum Wettkampfbüro. Auf dem Rückweg überkommt mich die Ungeduld: Ich will ins Bett, aber alle Ampeln sind rot. Sobald die Straße halbwegs frei ist, trete ich das Gaspedal durch. Ich heize mit neunzig Sachen durch die Stadt, als ich im Rückspiegel ein Blaulicht auftauchen sehe. Die Polizei. Ich halte am Straßenrand und lasse das Seitenfenster herunter. Ein Polizeibeamter in meinem Alter verlangt meine Papiere: Fahrzeugschein, Führerschein, Personalausweis. Aber das liegt alles im Hotel. Ich frage, ob ich nicht einfach kurz meinen Führerschein aus dem Hotel holen darf. Keine Chance. Ich rufe Michael und Dirk an. Sie gehen nicht dran – beide haben sich schon aufs Ohr gelegt. Also muss ich mit auf die Wache kommen. Ich erkläre, dass ich am nächsten Tag die Landesmeisterschaft fahren muss, aber das beeindruckt sie nicht. So sehr ich mir auch den Mund fusselig rede: Ich muss mitkommen. Und ich darf nicht mit meinem eigenen Auto fahren. Genervt steige ich hinten in den Polizeiwagen. Als der junge Polizist sich hinter das Lenkrad meines Porsche setzt, rufe ich zu ihm: »Genießen Sie es, es wird das einzige Mal in Ihrem Leben sein, dass Sie so ein Auto fahren dürfen.«

Beim zwanzigsten Versuch geht Michael endlich ans Telefon. Er klingt müde. Ich überzeuge ihn, dass er auf die Polizeiwache kommen muss. Bis er da ist, muss ich in einer Zelle sitzen. Ohne Schnürsenkel, ohne Gürtel. In der Zelle neben mir haben sie einen Typen untergebracht, der völlig ausrastet: Er trommelt mit den Händen gegen die Wand und die Tür, er brüllt herum in einer Sprache, die nicht existiert. Als Michael da ist, mit meinem Reisepass und meinem Führerschein, lassen sie mich aus der Zelle. Ich bekomme eine Geldbuße von sechzig Euro aufgebrummt, die ich bar bezahle. Der junge Polizist hinter dem Tresen fragt mich, ob ich ihm nicht VIP-Tickets für das Meisterschaftsrennen besorgen könne. Ich schaue ihn an und sage: »Die Antwort kennen Sie selbst, oder?« Kopfschüttelnd fahre ich zurück zum Hotel. Es ist nach Mitternacht, als ich in meinem Bett liege. Ich sage mir, dass nichts Schlimmes passiert ist, dass ich immer noch Niederländischer Meister werden kann. Aber ich verliere das Rennen bereits beim Frühstück, als ich mir Spiegeleier auf den Teller schaufele. Genau wie Michael und Dirk werde ich von einer Lebensmittelvergiftung niedergestreckt. Nach hundert Kilometern im Sattel stehe ich kotzend am Straßenrand. Am nächsten Tag kann ich wieder lachen. Lebensmittelvergiftung hin oder her, ich bin in Form.

Am Mittwoch, dem 1. Juli, schlendere ich mit einem Pfeifen auf den Lippen durch meine Wohnung in Lucca. Es ist 12.20 Uhr. Ich packe meinen Koffer für die Tour de France. Ich bin voller Vorfreude. Ich fühle keinen Druck, es gibt keine Probleme, ich muss mir keinen Kopf über Prepaid-Handys und Blutbeutel machen. Ich denke, dass ich die Vergangenheit hinter mir gelassen habe.

Und dann klingelt mein Handy. Ich schaue aufs Display. Es ist eine Schweizer Nummer.

22.

»Hallo.«

»Hallo, spreche ich mit Thomas Dekker?«

»Ja.«

»Hallo, Thomas. Hier spricht Ann Gripper von der Dopingkommission der UCI.«

». . .«

»Ich rufe Sie an, um Sie zu informieren, dass Sie positiv getestet wurden.«

»Was? Positiv? Worauf?«

»Auf Dynepo.«

»Dynepo? Das kann nicht sein.«

»Mit Hilfe einer sogenannten Nachkontrolle. Wir haben das Dynepo in einer Urinprobe gefunden, die vor anderthalb Jahren genommen wurde.«

»Was? Wann?«

»Am 24. Dezember 2007.«

». . .«

»Sie haben bis heute Nachmittag um 16 Uhr Zeit, es Ihrem Team, Ihrer Familie und Ihren Freunden mitzuteilen. Dann werden wir es bekanntgeben.«

»Danke, dass Sie mein Leben zerstören.«

»…«

Tuut-tuut-tuut.

23.

Ich sitze auf der Couch und starre vor mich hin. Ich schreie nicht Zeter und Mordio. Ich weine nicht. Ich bin nicht wütend oder traurig. Ich fühle nichts. Ich bin die Statue eines 24-jährigen Radrennfahrers auf einer Couch, der nicht weiß, ob er noch ein Radrennfahrer ist.

Eine Viertelstunde sitze ich so da. Dann nehme ich mein Handy und drücke mechanisch die Tasten. Ich befinde mich in einer Art Überlebensmodus: Ich tue, was ich tun muss. Ich rufe Kees an und sage ihm, dass ich erwischt wurde. Ich frage ihn, ob er meine Eltern anrufen kann – ich möchte es nicht selbst tun. Ich will nicht hören, wie enttäuscht sie sind. Dann rufe ich Marc Sergeant an, um ihm mitzuteilen, dass er einen Ersatzmann für die Tour de France suchen muss. Ich bin davon ausgegangen, dass er wütend sein würde, aber das ist er nicht. Er seufzt einmal, dann wünscht er mir viel Kraft, und das war's. Ich rufe Stefano und Luigi Cecchini an. Stefano kommt sofort zu mir: Er wohnt fast direkt bei mir um die Ecke. Eine Stunde später sitzen wir bereits im Auto und fahren nach Mailand zu einem Treffen mit einem Anwalt namens Cecconi. Während zu Hause in den Niederlanden die Sechs-Uhr-Nachrichten mit der Neuigkeit meines positiven Dopingtests aufmachen, spreche ich mit Cecconi die Strategie für das weitere Vorgehen durch. Wir einigen uns darauf, dass ich nicht dementieren, aber auch nicht auspacken werde. Ich werde zugeben, Blutdoping verwendet zu haben, aber ansonsten meinen Mund halten. Und wir werden versuchen, die Dauer der zu erwartenden Sperre zu minimieren: Vielleicht ziehen sie ja das halbe Jahr ab, in dem ich eh kein Rennen mehr für Rabobank gefahren bin.

Fünf Tage nach dem Anruf von Ann Gripper bringt der Postbote einen Brief, der per Einschreiben aufgegeben wurde. Der Absender: Jacques Hanegraaf. Ich öffne den Brief und sehe, dass es sich um eine Rechnung handelt. Ich soll ihm 58.000 Euro für seine Dienste bezahlen. Darüber hinaus steht da nichts. Kein Wort. Die Botschaft ist klar: Es ist Zahltag. Er hat mir geholfen, an Doping heranzukommen, aber nun, da ich erwischt wurde, lässt er mich fallen wie eine heiße Kartoffel. Er hat mich nicht angerufen, er hat mir noch nicht mal eine SMS geschickt – er will nur so schnell wie möglich sein Geld sehen. Und das, obwohl noch nicht mal eine Strafe gegen mich ausgesprochen worden ist. Ich begleiche die Rechnung umgehend. Ich will nichts mehr mit Hanegraaf zu tun haben.

Ein paar Wochen lang vegetiere ich in einem emotionslosen Dämmerzustand vor mich hin. Ich versuche, nicht über die Vergangenheit nachzudenken und nicht über die Zukunft. Ich esse wie ein Roboter, ich rede wie ein Roboter, ich greife regelmäßig zu Tabletten, um schlafen zu können. Wenn Linda am Telefon ist, tue ich so, als hätte ich alles unter Kontrolle. Ich will nicht, dass sie sich Sorgen macht. Mein Fahrrad rühre ich nicht ein Mal an – am liebsten würde ich es nicht mal mehr ansehen.

Ich muss zu einer Anhörung in Monaco erscheinen. Dort soll ich gegenüber Vertretern des monegassischen Radsportverbandes, die aber eigentlich für den französischen Verband tätig sind, umfassend zu meinem Dopingvergehen aussagen. Sie fragen mich, ob ich alles selbst gemacht habe. Ich lüge, dass niemand mir geholfen hätte. Sie fragen mich, ob ich jemals Doping bei anderen Fahrern mitbekommen habe. Ich lüge, dass ich nie etwas gesehen hätte. Ich gebe ihnen keine Details, ich nenne ihnen keine anderen Namen, ich sage ihnen nichts.

Das Einzige, was ich sage, ist, dass ich Blutdoping verwendet habe – unter diesen Sammelbegriff fallen Epo, Dynepo und die Bluttransfusionen. Ich denke, dass es klüger ist, weiterhin meinen Mund zu halten. Ich bin durch die Schule eines Systems gegangen, wo man gegenüber Außenstehenden den Mund hält, wenn es um Doping geht. Ich schweige, weil ich wieder ins Peloton zurückkehren will. Ich schweige, weil ich nicht derjenige sein will, der dafür sorgt, dass Rabobank sich vom Radsport-Sponsoring zurückzieht und plötzlich Dutzende Leute auf der Straße stehen. Ich will kein Bernhard Kohl sein, der unter Tränen alles öffentlich gesteht. Ich will stärker und tougher sein, viel stärker und tougher, als ich es eigentlich bin. Ich bin ein Macho in einer Macho-Welt. Sie können mir nichts anhaben. Ich schweige hartnäckig weiter. Die Leute können mich alle mal. Ich versuche mich selbst zu überzeugen, dass ich das einzig Richtige tue: Ich sitze meine Sperre ab und dann komme ich wieder – stärker denn je.

Ich glaube nicht, dass ich mir selbst glaube.

24.

Mit dem Stürzen ist es jedes Mal anders. Manchmal knallt man, bevor man überhaupt weiß, wie einem geschieht, auch schon mit dem Kinn auf den Asphalt, ein anderes Mal dauert es eine Ewigkeit, bis man auf dem Boden aufschlägt. Von dem Moment an, in dem man begreift, dass man stürzt, ist es, als ob die Zeit anfängt zu kriechen, wie ein Klecks Honig, der die Tischdecke hinabrinnt. Man sieht die einzelnen Splittkörner auf dem Asphalt und die Gänseblümchen am Straßenrand, man riecht das Massageöl auf den Beinen, man hört, wie die Speichen seines Rades in Zeitlupe auf dem Rücken des Fahrers brechen, der vor einem liegt. Und bevor man auf dem Boden aufkommt, hat man die Zeit, sich selbst hundert Mal zu fragen, ob man jemals wieder aufstehen wird.

Nach dem Anruf von Ann Gripper dauert es ein paar Wochen, bis ich merke, dass ich stürze. Aber als es mir bewusst wird, hört es gar nicht mehr auf. Ich falle – tiefer, tiefer, tiefer, immer tiefer. Es dauert und dauert und dauert. Ich bin es gewohnt, auf dem Boden aufzuschlagen, ich kenne das Gefühl, die Schmerzen zu spüren und mich wieder aufzurappeln – aber diesmal gibt es keinen Boden, auf dem ich aufschlage. Es ist ein Sturz ins Bodenlose.

Ich begebe mich auf die Flucht. Linda kommt für ein paar Tage nach Lucca, aber sobald sie weg ist, fliege ich gleich nach Ibiza, wo Stefano ein Haus gemietet hat. Ich will weg aus Lucca, weg von meinem Fahrrad, weg von Linda, weg von meinen Eltern: Ich will vor allen Menschen davonlaufen, denen ich wehgetan habe. Und ich will vor mir selbst weglaufen. Ich fange an zu trinken. Nicht gelegentlich, so wie früher, sondern jeden einzelnen Tag. Und zwar jeden einzelnen Tag ganz schöne Mengen. Nach ein paar Drinks sind die Gedanken, die mich beschäftigen, weniger scharfkantig, weniger schmerzhaft. Wenn ich besoffen ins Bett falle, zermartere ich mir wenigstens nicht mehr den Kopf über die Sperre, die wie ein Damoklesschwert über mir schwebt. Ich gehe jeden Abend aus. Und ich betrüge Linda mit vielen Frauen. Schottische Touristinnen, Kellnerinnen, Prostituierte. Spanierinnen, Italienerinnen, Russinnen. Frauen, von denen ich nicht mal weiß, wie sie heißen und woher sie kommen. Ich bin ständig auf der Suche nach Bestätigung. Eine Frau, die meinen Verführungskünsten erliegt, ist, wie ein Rennen zu gewinnen: Es gibt mir, wenigstens für einen Moment, das Gefühl, dass ich noch einen Wert habe. Es ist, als ob ich es mir immer wieder aufs Neue beweisen müsste.

Bei den seltenen Gelegenheiten, in denen ich nüchtern bin, bin ich zwischen allen möglichen Gefühlen hin- und hergerissen. Wut, Trauer, Frust, Reue, Schuld. Meistens entscheide ich mich für den einfachen Weg und sehe mich als Opfer. Warum musste es ausgerechnet mir passieren? Was habe ich denn falsch gemacht? Habe ich nicht einfach das Gleiche gemacht wie so viele andere auch? Ich frage mich, warum gerade meine Urinprobe nachträglich getestet wurde – meines Wissens ist bis zu diesem Zeitpunkt kein anderer Fahrer auf diese Weise überführt worden.

Den ganzen Sommer über pendle ich zwischen Ibiza und Versilia hin und her, von Strand zu Strand, von Club zu Club. Ich gehe nach wie vor jeden Abend aus und werfe mit Geld um mich, als gäbe es kein Morgen. Ich denke nicht einmal daran, eine Trainingsausfahrt zu unternehmen; mein Rennrad ist von Spinnweben überzogen. Wenn die Leute mich fragen, wann ich denn wieder trainieren werde, sage ich, dass ich morgen wieder loslege. Aber morgen kommt nicht. Ich falle, ich falle, und die Zeit steht still.

Eines Abends, es ist Ende August 2009, ziehe ich zusammen mit Stefano in einem Ferienort an der toskanischen Küste los. Wir haben den ganzen Tag am Strand gelegen, und ich habe schon früh zu trinken begonnen. Wir gehen mit ein paar losen Freunden und Bekannten in eine Discothek namens La Capannina. Ich trinke alles wild durcheinander: Wein, Cuba Libre, Champagner, Wodka. Ich gebe mal wieder ein kleines Vermögen aus, aber das kümmert mich schon lange nicht mehr. Ich trinke, um alles zu vergessen und um mich selbst zu zerstören. Und als das nicht schnell genug geht, schnappe ich mir eine Dose Red Bull und werfe sie mit voller Kraft nach einer Gruppe reicher Russen, die einen Tisch weiter sitzen. Ein paar Gäste springen auf, rufen russische Schimpfwörter und zeigen auf mich. Ich gehe auf sie zu. Im Augenwinkel sehe ich, wie der Türsteher angerannt kommt. Ich will meinen Gürtel ausziehen, um ihm damit was um die Ohren zu hauen, aber ich bin zu betrunken, um überhaupt die Schnalle zu öffnen. Der Türsteher packt mich, nimmt mich in den Schwitzkasten und schleift mich zum Ausgang. Ich werde buchstäblich auf die Straße geworfen. Da liege ich eine lange Zeit auf den harten Steinen. Ich muss mich übergeben. Immer und immer wieder kommt es mir hoch. Ich kann nicht aufhören, mich zu übergeben. Zwei Stunden lang kotze ich mir die Eingeweide aus dem Leib, bis nicht mal mehr Galle da ist, um sie zu erbrechen.

Ein paar flüchtige Bekannte bringen mich in meinem Porsche zu einem Hotel in der Nähe und hinterlegen meine Schlüssel an der Rezeption. Als ich am nächsten Morgen aufwache, weiß ich nicht, wo ich bin und was genau passiert ist. Meine Schläfen hämmern, mein Schädel schmerzt so sehr, als würde ihn ein teuflischer Kobold mit einem Presslufthammer bearbeiten. In den Stunden danach kehrt meine Erinnerung allmählich zurück – bruchstückhaft zieht der gestrige Abend an meinem geistigen Auge vorüber. An Frühstücken kann ich nicht mal denken. Ich kaufe mir eine Flasche Eistee an einem Getränkeautomaten und trinke sie aus – ein paar Minuten später kommt alles rückwärts wieder raus. Ich steige in mein Auto und betrachte mich im Rückspiegel: Mein Gesicht ist grau-grün. Mir ist immer noch speiübel, während ich zurück nach Lucca fahre. Dort lege ich mich erst mal aufs Bett. Ich fühle mich allein, so gotterbärmlich allein, dass ich ein Ticket nach Hause in die Niederlande buche. Ich möchte nach Dirkshorn, zu Mama und Papa. Ich nehme mir vor, nie mehr zu trinken und endlich aufzuhören, mich selbst kaputtzumachen.

Am Tag darauf fliege ich nach Amsterdam-Schiphol – mein Vater wartet in der Ankunfthalle auf mich. Er nimmt mich in die Arme, und ich muss mir auf die Zunge beißen, um nicht anzufangen zu weinen. Im Auto legt er mir seine Hand in den Nacken, wie damals, wenn wir mit dem Fahrrad zu Oma fuhren. Zu Hause in Dirkshorn berapple ich mich langsam ein wenig. Aber nach ein paar Tagen beginnt es schon wieder zu kribbeln. Ich fahre zum Mysteryland-Festival und genehmige mir ein paar Drinks. Ich bekomme wieder Oberwasser. Ich verabschiede mich von meinen Eltern, buche einen Flug zurück nach Italien – und das ganze Elend beginnt wieder von vorne.

Im Oktober wird meine Sperre bekanntgegeben. Ich habe keine Strafminderung erhalten. Zwei Jahre lang darf ich kein Rennen bestreiten. Ich kann es nicht ertragen, darüber nachzudenken. Ich habe noch nie vorausschauend gedacht und langfristig geplant: Übermorgen fühlt sich für mich sehr weit weg an. Wie soll ich diese zwei Jahre überstehen? Zwei Jahre oder zehntausend Jahre – für mich ist das genau das Gleiche. Das Peloton ist Lichtjahre entfernt. Ich habe lediglich noch ab und zu Kontakt zu Freunden wie Michiel Elijzen. Von den ehemaligen Teamkollegen bei Rabobank höre ich nichts. Und ich bin zu stolz, um sie anzurufen. Erst jetzt merke ich, dass ich in den letzten Jahren kaum soziale Kontakte gepflegt habe. Ich habe Freundschaften im Sande verlaufen lassen. Und nun, da ich dringend Freunde bräuchte, ist kaum noch jemand da.

Ich bewege mich in einem Teufelskreis. Ich fühle mich wie ein herzloses Schwein, weil ich meine Freundin und meine

Eltern wie Dreck behandelt habe – und dadurch entferne ich mich nur umso weiter von ihnen. Und um die Einsamkeit und mein eigenes Verhalten zu vergessen, betrinke ich mich, was zur Folge hat, dass ich mich noch mehr wie ein herzloses Schwein benehme. Linda, meine Eltern, Kees und Karien – sie alle versuchen, mir zu helfen, aber ich lasse mir nicht helfen. Ich reagiere meinen Frust an denen ab, die mir am nächsten sind. Die Menschen, die ich am meisten liebe, behandle ich am schlimmsten. Liebe und Hass verweben sich immer mehr miteinander, wie die Drähte in einem Telefonhörer, bis sie ein unentwirrbares Knäuel bilden.

Ich entferne mich immer mehr von den Menschen, die mich lieben; ich möchte mich aus ihrem Leben tilgen. Alle Tage gleichen einander. Ich trinke Alkohol, ich ziehe um die Häuser, ich wache erst nach Mittag mit einem Mordskater auf, und dann fange ich wieder an zu trinken. Ich verliere für acht Monate meinen Führerschein, weil ich direkt vor den Stadttoren von Lucca mit Alkohol im Blut am Steuer erwischt werde, als ich nach durchzechter Nacht von einer Discothek zurückfahre.

Ich habe auf nichts mehr Lust. Ich habe kein Ziel. Keine Rennen, auf die ich hinarbeiten könnte, keine Wünsche und Ambitionen, die es wahrzumachen gilt. Ich gehe mit dem Gefühl unendlicher Leere schlafen und ich wache mit dem Gefühl noch unendlicherer Leere auf. Manchmal schießt mir der Gedanke durch den Kopf, dass ich genug habe. Dass es nicht schlimm wäre, wenn ich am nächsten Morgen nicht mehr aufwachen würde. Ich habe nie konkret darüber nachgedacht, Selbstmord zu begehen. Aber wenn da ein Knopf gewesen wäre, den man nur drücken bräuchte und alles wäre vorbei, vielleicht hätte ich es getan.

Kurz nach dem Jahreswechsel fahre ich in den Skiurlaub nach Madonna di Campiglio. In sieben Monaten habe ich höchstens ein halbes Dutzend Mal auf dem Rad gesessen. Ich habe sechzehn Kilo zugenommen. Als ich in einem Restaurant sitze, schaue ich an mir herunter: Die untersten drei Knöpfe meines Hemdes sind geöffnet und über meiner Jeans quillt eine Wampe hervor. Von dem Körper, mit dem ich im vergangenen Frühjahr noch mit den besten Radsportlern der Welt mithalten konnte, ist nichts mehr übrig. Aber selbst der Anblick meines Bauches ist für mich kein Anlass, mir einen Tritt in den Hintern zu verpassen und wieder anzufangen zu trainieren. Stattdessen bestelle ich eine Flasche Wein.

Ich bin ständig auf der Flucht vor mir selbst. Im ersten Jahr meiner Sperre gebe ich allein hundertfünfzigtausend Euro für Urlaube aus. Aber wohin ich auch fliehe, ich werde mich selbst nicht los.

25.

Ich gehe völlig aus dem Leim. Die blauen Radklamotten, die ich trage, spannen und kneifen an allen Ecken und Enden. Im Jahr zuvor saßen sie noch wie angegossen, jetzt sehe ich aus wie eine Presswurst. Mit einer Mischung aus Verwunderung und Entsetzen schaue ich an mir herunter – ein paar Meter weiter biegen sich meine Radsportkollegen Johan Vansummeren und Dirk Bellemakers vor Lachen. Es ist eines der ersten Male nach 18 Monaten Faulenzen, dass ich wieder aufs Rad steige. Wir nehmen mit dem Mountainbike an einer Hobbyfahrer-Veranstaltung teil, irgendwo in den Wäldern von Brabant. Ich kann das Hinterrad von Dirk und Summie keine fünfhundert Meter halten: Die beiden hängen mich ab, bevor wir überhaupt richtig losgefahren sind. Es werden zwei Strecken-Alternativen angeboten: vierzig Kilometer und fünfundzwanzig Kilometer. Die beiden fahren die vierziger Runde, ich die fünfundzwanzig. Sie sind eher wieder zurück als ich. Ich fühle mich wie ein völliger Versager.

Im ersten Winter meiner Sperre trainiere ich gar nicht; ich drehe nur gelegentlich mal eine kurze Runde mit dem Rad. Hauptsache, ich mache überhaupt irgendwas. Ich versuche, mich jedes Mal dranzuhängen, wenn Dirk und Summie, die in der Nähe von Lommel wohnen, trainieren fahren. Das klappt bestenfalls mit Hängen und Würgen: Mit dem MTB durch den Morast kann ich ihnen nicht folgen, und wenn wir mit dem Rennrad auf der Straße fahren, beiße ich mich mit Mühe und Not an ihrem Hinterrad fest, ohne auch nur ein Mal selbst die Nase in den Wind stecken zu können.

Ich habe keinerlei Aussicht auf ein neues Team: Es gibt keine Angebote, nicht einmal ein vages Interesse. Ich hatte gedacht, dass ich wieder eine neue Chance bekommen würde, wenn ich einfach konsequent den Mund halte, genau wie Generationen von überführten Dopern vor mir. Aber der Radsport hat sich verändert. Es hat so viele Doping-Skandale gegeben, dass sich nun alle Teams unter Beobachtung fühlen. Die meisten Rennställe hüten sich, noch Fahrer unter Vertrag zu nehmen, die aus einer Sperre zurückkommen. Die einzigen Ausnahmen sind eigentlich spanische und italienische Teams, die gefallene Helden aus dem eigenen Land auflesen. Ich bin weder Spanier noch Italiener. Und das Team, in dessen Diensten ich fuhr, als ich früher gedopt habe, würde mich nicht mal mehr zurücknehmen, wenn man ihnen Geld dafür bezahlte. Ich merke, dass mein Plan nach hinten losgegangen ist: Mein Schweigen schreckt die Teams nur noch mehr ab. Um mich herum beginnen mehr und mehr Ex-Doper zu reden. David Millar schreibt ein Buch und bekommt eine neue Chance im Peloton.

Gegen Mitte meiner Sperre greife ich, eher widerstrebend, zum Telefonhörer und rufe Martijn und Eelco Berkhout an. Ich weiß, dass ich die beiden zwei Jahre zuvor ganz schön zum Narren gehalten habe, als ich hinter ihrem Rücken durch Vermittlung von Jacques Hanegraaf bei Lotto unterschrieb. Dennoch wollen sie mir helfen, aber nur zu ihren Bedingungen. Dazu gehört, dass ich auspacken soll. Ich muss auf den Beichtstuhl. Ich muss den Leuten erzählen, was ich getan habe, und sie davon überzeugen, dass ich es nicht wieder tun werde. Ich muss meinen Stolz hinunterschlucken. Ich weiß nicht, ob ich das will, und auch nicht, ob ich es überhaupt kann. Es ist der unbequemere Weg; ich könnte auch einfach weiter den Mund halten und hoffen, dass irgendein italienisches B-Team auf den Plan tritt und mir einen Vertrag gibt. Dann bräuchte ich nicht zu reden, dann bräuchte ich nicht in den Spiegel zu schauen, dann bräuchte ich nicht zu Kreuze zu kriechen. Ich bin mir unsicher, die Zweifel nagen an mir, und gerade als ich glaube, die Skepsis endlich überwunden zu haben, bin ich mir unsicherer denn je.

Es ist nicht so, dass ich von einem Tag auf den anderen meine Einstellung ändern würde: Es ist eher ein langsamer Prozess. Ich bin ein schwerfälliger Ozeantanker – nur ganz allmählich drehe ich bei. Aber schließlich lasse ich mich von Martijn und Eelco überzeugen. Ich packe aus. Naja, zumindest ein wenig. Es erscheint ein Buch über mich, indem ich etwas von meinem Dopingmissbrauch offenbare, ich gebe dem Dokumentarfilmer Geertjan Lassche die Gelegenheit, mich eine Zeitlang zu begleiten, und ich bekenne öffentlich, dass ich Blutdoping verwendet habe. Aber: alles ohne Details, ohne Namen, ohne Rückennummern.

Die Bemühungen von Martijn und Eelco haben Erfolg. Ende 2010 gelingt es den Berkhout-Brüdern tatsächlich, eine Art Sondierungsgespräch mit Teammanager Jonathan Vaughters zu vereinbaren. Garmin heißt dessen amerikanischer Rennstall inzwischen. Wir treffen uns in einem Restaurant in Paris. Er ist interessiert, wir liegen auf einer Wellenlänge, aber er will wissen, was ich alles benutzt habe. Vaughters lässt nicht locker. Zögernd und stotternd nenne ich ihm die verbotenen Mittel. »Epo, Bluttransfusionen, Testosteron, Kortison, Dynepo.« Angesichts dieser Liste schlackert er dann doch mit den Ohren. Er ist schon eine ganze Weile im Radsport unterwegs und hat gewiss schon eine Menge erlebt, aber er hätte nicht gedacht, dass ich schon in so jungen Jahren alles durchexerziert hätte, was Gott verboten hat. Ich erzähle ihm keine Details. Ihm nicht und auch niemandem sonst. Ich möchte schon die Wahrheit erzählen, aber eine so begrenzte Wahrheit wie möglich. Ich sitze zwischen den Stühlen. Ich will nicht schweigen, aber ich will auch nicht wirklich reden. Das mag ziemlich heuchlerisch klingen, aber für mich ist es zu diesem Zeitpunkt bereits ein großer Schritt. Eine möglichst kleine Wahrheit zu erzählen, ist immerhin schon deutlich besser, als zu lügen.

Im Winter vor dem Ablauf meiner Sperre versuche ich mich aufzuraffen. Ich versuche mich an etwas, was zumindest wie richtiges Training aussieht. Doch es läuft miserabel. Es dauert ewig, bis ich die überschüssigen Pfunde losgeworden bin. Meine körperliche Verfassung verbessert sich zwar, aber nicht gerade über Nacht. Ewige Stunden sitze ich im Sattel und spule Kilometer ab, aber alles ohne rechte Überzeugung. Es ist mehr Beschäftigungstherapie als Training. Ohne Ziel und ohne Vertrag fühle ich mich wie betäubt. Ich frage mich, wofür ich das alles überhaupt tue. Die Ungewissheit nagt an mir. Ich schlafe schlecht, ich kann mich nicht konzentrieren. Ich lebe nicht zu hundert Prozent für den Radsport; selbst fünfzig Prozent wären noch zu hoch gegriffen. Ich hätte zurück zu meinen Wurzeln gehen sollen. Zurück nach Nordholland, zurück zu den langen, harten Trainingsfahrten hinter dem Motorroller meines Vaters. Aber ich gehe nicht zurück. Stattdessen führe ich eine völlig zerrissene Existenz: Ich lebe in Lommel, Lucca und Luyksgestel gleichzeitig. Ich fliege hin und her, aber nirgends finde ich das, was ich suche. Ich fülle meine Tage mit nichts. Manchmal gehe ich aus Langeweile einen trinken, manchmal schlendere ich stundenlang einsam und von Selbstmitleid zerfressen durch Lucca.

Aus dem Plan, mit Linda zusammenzuziehen, wird nichts. Ich zögere den Schritt immer wieder hinaus. Ich sage ihr, dass ich Zeit brauche, um meine Dopingsperre zu verarbeiten, aber unbewusst spielen auch andere Dinge eine Rolle. Ich tue zwar wie ein erwachsener Mann, aber insgeheim bin ich noch immer ein kleiner unselbstständiger Junge, der von einer Familie zur nächsten flüchtet. Wie könnte ich für Linda sorgen, wenn ich nicht einmal für mich selbst sorgen kann? Das habe ich noch nie im Leben gemusst. Es hat sich immer jemand um mich gekümmert. Wo ich auch gerade war, alles hat sich immer um mich gedreht. Ich kann noch nicht einmal ein Ei kochen. Die Herde in meiner Wohnung in Lucca und in meinem Haus in Lommel sind noch nicht ein Mal benutzt worden. In meiner Küche steht nicht einmal eine Kaffeemaschine. Ich bin nicht mehr als fünf Mal in meinem Leben in einem Supermarkt gewesen. Ich weiß in der Regel erst morgens, wo ich am nächsten Abend schlafen werde, je nachdem, wo gerade ein leeres Bett und ein voller Kühlschrank auf mich warten. Meine Wäsche habe ich noch nie selbst gewaschen. Die einzige Haushaltstätigkeit, die ich erledige, wenn ich in Lommel bin, ist, den Teppich mit einem überteuerten schwedischen Staubsauger in akkuraten geraden Bahnen zu saugen. Manchmal bin ich zwei Stunden damit beschäftigt. Es ist fast obsessiv. So, als ob ich wenigstens einen Hauch von Struktur in all das Chaos bringen wollte. Aber man kann das Chaos nicht mit einem Staubsauger aus dem Kopf saugen.

Im Dezember 2010 breche ich mit Johan Vansummeren und Dirk Bellemakers zu einem gemeinsamen Trainingslager nach Lanzarote auf. Zumindest ist das mein Plan. Am Abend, bevor der Flug geht, feiere ich mit Karien ihren Geburtstag in Luyksgestel. Ich trinke Weißwein. Ich könnte dort übernachten, aber da ich meinen Koffer noch packen muss, entscheide ich mich, doch noch zurück nach Lommel zu fahren. Meinen Führerschein habe ich noch nicht wieder zurück, aber der Bequemlichkeit halber ignoriere ich das kurzerhand.

Es sind sechs Kilometer bis zu mir nach Hause in Lommel: Hier passiert nie was. Ich nehme Kariens Auto, ein Mini Cooper S Cabrio. Ich steige ein, lasse den Motor an und fahre aus der Ausfahrt. Es ist zwei Uhr morgens, es weht ein kräftiger Wind und es regnet. Ich bin mit hundert Stundenkilometern unterwegs. Ich bin diese Strecke schon tausende Male gefahren; ich weiß, dass kurz hinter der belgischen Grenze eine scharfe Kurve ist. Ich nehme sie extra vorsichtig, aber unmittelbar nach der Kurve summt mein Handy, das auf dem Beifahrersitz liegt, weil ich eine Nachricht erhalten habe. Ich schaue kurz nach rechts, nur für eine Sekunde – ich bemerke nicht, dass sich meine Hände auch ein kleines bisschen nach rechts drehen. Den einen Baum habe ich noch gesehen.

Der Aufprall ist enorm. Die rechte Vorderseite des Autos ist auf einmal verschwunden, das Lenkrad wird mir aus der Hand gerissen. Ich überschlage mich mehrfach. Ich sehe, wie sich alles um mich herum dreht. Die Airbags öffnen sich, die Fensterscheiben splittern, die Spiegel brechen ab, ich sehe in Irrsinnsgeschwindigkeit ein loses Rad durch die Luft segeln. Hundert Meter weiter komme ich zum Stillstand, merkwürdigerweise sogar aufrecht. Ich kann den schwarzen Himmel sehen: Das Dach wurde durch den Kontakt mit dem Asphalt wegrasiert. Der Motor ist ausgegangen – alles, was ich höre, ist mein eigener schwerer Atem und der Regen, der auf die zerborstenen Scheiben fällt. Die Airbags sind rot von Blut. Ich fühle einen stechenden Schmerz in meiner Hand; ich schaue sie mir an und kann bis auf die Knochen sehen. Das Blut sprudelt aus der Wunde. Ich versuche, die Tür zu öffnen, aber es geht nicht. Ich schlage das zerbrochene Glas aus dem Fenster der Fahrertür und winde mich heraus. Ich bin dermaßen durch den Wind, dass ich danach wieder ins Auto steige, um mein Handy zu suchen und noch mal zu probieren, den Motor neu zu starten. Erst als ich den Versuch aufgebe und zum zweiten Mal draußen neben dem Wagen stehe, sehe ich, dass so gut wie nichts von dem Auto übrig ist.

Der Mini hat sich in einen Haufen Metallschrott verwandelt. Es ist nur noch eins der vier Räder dran. Fassungslos starre ich auf das Wrack und frage mich, wie es möglich ist, dass ich das überlebt habe. Dass ich lediglich eine tiefe Schnittwunde an der Hand abbekommen habe und sonst weiter nichts. Ich gehe um das Auto herum und sehe, dass die Beifahrerseite komplett ausradiert wurde. Daran, was wohl passiert wäre, wenn jemand neben mir gesessen hätte, möchte ich gar nicht denken.

Dann höre ich das Geräusch eines herannahenden Autos. Ich winke, das Auto hält. Drinnen sitzen zwei junge Burschen. Sie schauen mich mit großen Augen an. Der Fahrer fragt: »Bist du in Ordnung?« Ich nicke und antworte: »Ja, aber ich muss hier weg. Ich habe was getrunken.« Die Jungs sehen einander an. »Wir auch.« Und schon geben sie Gas und sind verschwunden. Ich wickle meinen Gucci-Schal um meine blutende Hand und mache mich auf den Weg zurück nach Luyksgestel. Erst ganz vorsichtig, mit zitternden Knien. Aber als ich sehe, wie sich in der Ferne, irgendwo hinter mir, das Blaulicht eines Polizeiautos nähert, fange ich an zu laufen. Eine Dopingsperre ist fast schon zu viel für mich – ich will nicht auch noch ins Gefängnis.

Vier Kilometer laufe ich zurück nach Luyksgestel, als sei der Teufel hinter mir her. Als ich bei Kees und Karien klingele, bin ich durchnässt bis auf die Knochen. Vom Regen, vom Blut, vom Schweiß. Karien macht die Tür auf und erschreckt sich zu Tode. Sie fängt an zu weinen. Kees kommt in Unterhose nach unten – er war schon zu Bett gegangen. Ich bin völlig durcheinander; ich erzähle, dass ich einen Unfall hatte und dass wir das Auto sofort abschleppen müssten, bevor die Polizei es findet. Aber dafür ist es bereits zu spät. Durch das Fenster sieht man ein Polizeiauto die Straße hinunterkommen. »Licht aus, Licht aus«, ruft Kees. Er sagt Karien und mir, dass wir nach oben gehen und ruhig sein sollen. Kees zieht sich schnell was an, öffnet die Tür und tritt hinaus. Er geht auf den Polizeiwagen zu und sagt: »Ich hatte eben einen Unfall. Mein Sohn hat mich abgeholt. Ich stehe immer noch unter Schock. Haben Sie das Auto gesehen?«

Der Polizist schüttelt den Kopf. »Wir sind von der niederländischen Polizei. Unsere belgischen Kollegen haben uns informiert.« Das ist auch besser so; wenn der Polizist das Wrack selbst gesehen hätte, hätte er nie im Leben geglaubt, dass Kees mit seiner Statur ohne einzige Schramme am Leib aus dem Auto hätte herauskriechen können. Der Beamte lässt Kees pusten: Das ist kein Problem, Kees trinkt nie Alkohol. Sobald der Polizeiwagen außer Sicht ist, bringt Kees' Sohn mich ins Krankenhaus in Veldhoven, damit sie meine Hand nähen.

Ich verpasse meinen Flug nach Lanzarote; Kees bringt Dirk und Johan ohne mich zum Flughafen von Charleroi. Ich lande nur ein paar Tage später auf Lanzarote, mit einer verbundenen Hand. Dirk und Johan haben sich die besten beiden Zimmer in unserem gebuchten Hotel gesichert: Für mich legen sie eine Matratze in eine winzige Kammer und sagen mir, ich solle über meine Sünden nachdenken. Merkwürdigerweise tue ich das tatsächlich. Der Unfall war ein Weckruf für mich. Sich mit Alkohol im Blut und ohne Führerschein hinters Lenkrad zu setzen – wie dumm bin ich eigentlich? Ich begreife, dass es auch ganz anders hätte ausgehen können. Dass ich mich selbst oder jemand anderen hätte totfahren können.

Aber ich schäme mich auch. Immer mache ich nur Scherereien. Ob es nun meine Eltern sind, Kees und Karien, Linda oder die paar Freunde, die mir noch geblieben sind: Ich mache allen nichts als Ärger. Ich stelle ihre Geduld immer wieder auf die Probe. Ich verstehe die Kinder von Kees, wenn sie sagen, dass es ja ganz nett ist, dass dieser Radfahrer so oft bei ihnen zu Gast sei, aber dass es für alles auch Grenzen gibt.

Notgedrungen lüge ich über meinen Unfall. Meinen Eltern sage ich lieber nichts: Ich möchte ihnen weitere Sorgen ersparen. Vor der Kamera von Geertjan Lassche behaupte ich, dass ich mit der Hand voran durch ein Fenster gefallen wäre. Aber mit jeder Lüge, die ich erzähle, hasse ich mich selbst noch ein bisschen mehr. Es ist zu viel. Es ist genug.

All diese Lügen: Ich bin ihnen so überdrüssig.

26.

Ich glaube, er war ein Cousin eines Jungen, der bei uns in der Nachbarschaft wohnte. Er war auffallend mollig, er trug eine Brille mit Gläsern so dick wie Glasbausteine, und wenn er lief, dann musste man zwei Mal hinsehen, um sicherzugehen, dass er sich überhaupt vom Fleck bewegte. Wenn wir uns auf dem Bolzplatz um die Ecke zum Kicken trafen, wollte niemand ihn in seinem Team haben. Wie wir dieses Dilemma damals gelöst haben, weiß ich nicht mehr, aber das dicke Kind mit den Glasbausteinen hat nie auch nur einen Ball gesehen.

Jetzt, mehr als zwanzig Jahre später, weiß ich, wie er sich gefühlt haben muss. Ich bin das dicke Kind mit den Glasbausteinen: Kein Team will mich haben. Auch jetzt nicht, Mitte 2011, da meine Sperre abgelaufen ist. Irgendwo in der Ferne ist, als leises Rauschen im Hintergrund, noch das vage Interesse von Garmin zu vernehmen, der Rest ist ohrenbetäubende Stille.

Aus schierer Verzweiflung bestreite ich ein paar Kirmesrennen in Belgien; irgendetwas muss ich doch tun. Ein Rennrad bekomme ich von Ralph Salden gestellt – einem der Besitzer des Fahrradgeschäfts in Limburg, vor dessen Schaufenster ich vor Urzeiten als kleiner Junge mit leuchtenden Augen gestanden hatte. Er gibt mir auch Trikot, Hose und Schuhe. Die Farben: weiß und schwarz, ohne Sponsorenaufdruck. Das erste Kirmesrennen, das ich fahre, ist in Sint Niklaas. Es gibt eine Kirche, es gibt eine Frittenbude, und am Start drängeln sich zweihundert Spezialisten für solche Kriterien. Wir fahren gefühlte hundert Millionen Mal im Kreis, in einem Dunst aus Frittenfett und Massageöl – sonst weiß ich nichts mehr von dieser Veranstaltung. Ich ziehe keinerlei Befriedigung daraus. Von der Tour de France zum Kirmesrennen in Sint Niklaas – es ist, als würde ich eine völlig andere Sportart ausüben. So als würde Lady Gaga nach all den Konzerten in ausverkauften Riesenarenen plötzlich wieder im Gemeindezentrum von Kleinkleckersdorf auftreten.

In den Wochen danach stehe ich am Start von noch zwanzig weiteren Kirmesrennen. Zusammen mit Kees und Karien klappere ich eins nach dem anderen ab. Kees sitzt am Steuer, Karien mit einer Tüte Rosinenbrötchen und Käsestullen neben ihm auf dem Beifahrersitz. Wir fahren kreuz und quer durch Flandern, mit Adele im Radio.

Im August tut sich was. Es gibt plötzlich Hoffnung. Naja, zumindest einen kleinen Hoffnungsschimmer. Dank Jonathan Vaughters öffnet sich die Tür zum Profipeloton immerhin einen Spalt breit. Aber bevor er überhaupt in Erwägung zieht, mir eine Chance zu geben, will er, dass ich einen langen Katalog an Bedingungen erfülle. Er schickt mir seine To-do-Liste per E-Mail. Als ich mir seine Forderungen ansehe, wird mir bange ums Herz. Er verlangt größtmögliche Offenheit. Das soll heißen: Ich muss über meinen Dopinggebrauch reden, ohne mir eine erneute Sperre einzuhandeln. Ich muss einen Brief an die WADA schreiben, die Welt-Anti-Doping-Agentur, in dem ich ihnen meine Zusammenarbeit anbiete. Ich muss den UCI-Präsidenten Pat McQuaid von meinen guten Absichten überzeugen. Ich muss mit David Millar sprechen – Vaughters sieht in ihm das leuchtende Beispiel dafür, wie man reinen Tisch machen und aus einer Dopingsperre zurückkommen kann. Ich muss jeden Monat meine Blutwerte vorlegen. Ich muss regelmäßig meine Physis auf den Prüfstand bringen lassen, so dass sie beim Team meine Fortschritte im Blick behalten können. Ich muss mit dem Vorstandsvorsitzenden des Hauptsponsors Garmin sprechen, um ihm klarzumachen, dass er sich mit mir kein Trojanisches Pferd ins Team holt. Ich muss erst mal bei Chipotle anfangen, dem Ausbildungs-Team von Garmin. Und ich muss das Duo Normand gewinnen, ein Paarzeitfahren in der Normandie, das Vaughters in einer weit entfernten Vergangenheit selbst einmal gewonnen hat.

Ich lasse mich darauf ein. Eine andere Wahl habe ich nämlich nicht: Vaughters ist der Einzige, der mir einen Strohhalm bietet. Anfang August 2011 stehe ich im Trikot von Chipotle am Start der Portugal-Rundfahrt. Mein offizielles Comeback als Radprofi gebe ich im Prolog, wo ich Sechzehnter werde. Ich bin wieder in einem richtigen Rennen, aber es fühlt sich alles andere als vertraut an. Ich bin bei weitem der Älteste im Team. Neben mir am Tisch sitzen nur Jungs, die mindestens fünf Jahre jünger sind. Raymond Kreder, Alex Howes, Lachlan Morton – eine neue Generation. Und ich spüre einen Generationsunterschied. Ihr ganzes Leben dreht sich nur um Radsport, um Trainieren und Rennenfahren, um nichts anderes.

Für diese Jungs gehört Doping einer fernen Vergangenheit an, einer fremden Galaxie. Ich bin neidisch auf sie. Auf ihre Unschuld, ihre Naivität. Ich wünschte mir, selbst wieder zwanzig zu sein; ich sehne mich nach der Zeit, als alles wie von selbst ging. Nach dem Moment, bevor ich das dunkle Hotelzimmer von Eufemiano Fuentes betrat. Ich bin fertig mit Doping. Ich will nichts mehr damit zu tun haben. Es hat mir so viel Elend beschert. Meine Ambitionen habe ich zurückgeschraubt. Ich muss keine großen Rennen mehr gewinnen; ich bin einfach nur froh, dass ich wieder Radprofi bin.

Bei der Portugal-Rundfahrt muss ich machtlos zusehen, wie die anderen mir um die Ohren fahren. Mein Körper tut nicht das, was mein Kopf will, und die Portugiesen geben Gas, als hätten sie Kerosin in den Trinkflaschen. Schon nach einem Tag beginnt mein Knie zu schmerzen, weil ich andere Pedale fahren muss, als ich es gewohnt bin. Ich gebe die Rundfahrt vorzeitig auf. In den folgenden Wochen bestreite ich noch ein paar Eintagesrennen für Chipotle, ohne dass ansprechende Ergebnisse dabei herausspringen. Allzu viel Selbstvertrauen gibt mir das alles nicht vor dem Duo Normand, das Mitte September ansteht. Ich bestreite das Paarzeitfahren zusammen mit Johan Vansummeren. Kees bringt uns in die Normandie. Es herrscht dort richtiges Sauwetter. Am Tag vorher lockern wir unsere Beine mit einer Einheit auf der Rolle im Hotel, während draußen der Sturm tobt. Am Tag des Rennens ist das Wetter nicht viel besser. Es regnet, es weht ein heftiger Wind, der Himmel ist dunkelgrau. Nach ein paar Minuten sind wir schon nass bis auf die Knochen. Aber wir geben ordentlich Gas. Das soll heißen: Johan gibt ordentlich Gas. Er macht drei Viertel der Arbeit vorne im Wind, während ich mit letzter Kraft sein Hinterrad halte. Aber es reicht. Wir gewinnen.

Es ist nicht gerade ein spektakuläres Comeback, aber es genügt, um das Interesse von Vaughters warmzuhalten. Ich bekomme eine Einladung für das erste Trainingslager des Profiteams von Garmin in Boulder, Colorado. Vaughters will sehen, wie ich in der Gruppe zurechtkomme. Im November 2011 fliege ich nach Denver, wo mich einer der Soigneurs am Flughafen abholt. Wir fahren zum Hotel, wo alle anderen schon am Tisch sitzen, als ich eintreffe. Ich habe einen Jetlag und würde mich am liebsten gleich hinlegen, aber ich setze mich doch dazu und esse etwas mit. Einige Fahrer – Ryder Hesjedal, David Millar und David Zabriskie – kenne ich noch von früher, andere habe ich noch nie gesehen. Nach dem Abendessen ist eine Besprechung angesetzt. Ich folge den anderen in den Konferenzsaal. Da ist Vaughters. Er erzählt ein paar Dinge über die Sponsoren und über die neue Saison, ich sitze artig nickend in der hintersten Reihe. Plötzlich sagt er: »Thomas will euch auch etwas sagen.« Er winkt mich zu sich: »Komm nach vorn, Thomas.«

Ich schrecke auf und blicke mich um. Dreißig Augenpaare sind auf mich gerichtet. Ich stehe auf und gehe zögernd nach vorne. Es ist mucksmäuschenstill. Ich räuspere mich. Auf das hier bin ich absolut nicht vorbereitet. Ich fühle mich sehr, sehr klein. »Hallo, allerseits«, stottere ich auf Englisch: »Ich bin Thomas Dekker. Ich war zwei Jahre wegen Dopings gesperrt. Und, ja, ähm ... ähm ... ich würde gerne eine Zukunft im Radsport haben. Und, ähm, Garmin ist ein tolles Team.« Dann sage ich noch mal, dass ich gerne eine Zukunft im Radsport haben würde. Ich habe einen Kloß im Hals. Ich bringe keinen Ton mehr raus. Stumm und schweißgebadet stehe ich vor einer Gruppe von Radrennfahrern und weiß nicht, was ich sagen soll. Vaughters rettet mich aus meiner Not. David Millar und Christian Vande Velde kommen zu mir; sie sagen, dass sie wissen, wie ich mich fühle. Ich nicke. Ich bin verletzlich. Ich habe all meinen Stolz über Bord geworfen. Ich weiß nicht, was Vaughters mit dieser Nummer bezweckt, aber er hätte alles von mir verlangen können. Wenn er mir gesagt hätte, dass ich auf allen Vieren ein paar Runden durch den Saal kriechen soll, hätte ich auch das getan.

In den Tagen danach nehme ich an dem Programm teil, das für die gesamte Gruppe angesetzt ist. Es geht mehr um Teambuilding als um echtes Training. Die zurückliegende Saison ist gerade erst zu Ende gegangen; die meisten Fahrer sind noch im Pausenmodus. Mal fahren wir Mountainbike, an anderen Tagen gehen wir in den Bergen wandern oder wir absolvieren so schnell wie möglich einen Hindernisparcours. Abends gehen wir alle zusammen einen trinken. Darin bin ich gut, also bin ich mit von der Partie. Direkt um die Ecke vom Hotel ist ein Strip-Club, dort hängen wir ein paar Abende rum. Einige Fahrer gönnen sich einen Lapdance einer der Tänzerinnen. Eines Abends schließe ich mich an: Ich wechsle ein paar Dollar und ordere auch einen Lapdance. Ein blondes Mädchen tanzt für mich. Als sie fertig ist, würde sie mir am liebsten gleich noch einen Lapdance geben – scheinbar zahle ich gut. Aber davon will ich nichts wissen.

»Nur ein bisschen Tanzen ist ja auch nicht das Wahre«, sage ich zu ihr. Sie sieht mich an. »Nicht wirklich, oder?«, sagt sie: »Viel schöner wäre es, sich später richtig zu treffen.« Sie fragt mich nach meiner Telefonnummer. Ein oder zwei Stunden später, als ich schon im Bett liege, bekomme ich eine SMS von ihr. Ob ich noch Lust habe. Ich antworte mit Ja. Sie schickt mir ihre Adresse. Für einen Moment bekomme ich Zweifel: Um sieben muss ich wieder beim Frühstück sitzen, und Garmin ist meine einzige Chance auf eine Rückkehr ins Peloton. Aber mein Schwanz setzt sich gegen meine Vernunft durch.

Ich ziehe mir eine Hose und ein Hemd an und schleiche mich aus der Tür, um meinen Zimmergenossen nicht aufzuwecken. Ich gehe aus dem Hotel und halte ein Taxi an. Ich nenne dem Fahrer die Adresse, die sie mir geschickt hat. Er nickt und fährt los. Zehn Minuten, zwanzig Minuten, eine halbe Stunde. Ich frage ihn, ob wir nicht mal langsam da sind. Er schüttelt den Kopf und sagt, dass es noch eine halbe Stunde Fahrt sei. Der Zähler läuft. Hundertvierzig Dollar stehen auf der Uhr, als wir eine Stunde später in einem Dorf namens Lakewood ankommen. Es ist inzwischen fünf Uhr morgens. Ich steige vor einem kleinen Haus aus und klingele. Das blonde Mädchen öffnet in Jogginghose und T-Shirt die Tür. Ich folge ihr ins Schlafzimmer. Das Haus ist ein einziges Chaos: Es riecht nach Marihuana. Ich steige mit ihr in die Kiste. Eine halbe Stunde später fällt mir plötzlich mein Vertrag mit Garmin ein. Ich schaue auf meine Uhr und sehe, dass es schon halb sechs ist. Blanke Panik durchzuckt mich. Ich springe aus dem Bett, ziehe meine Klamotten an und sage dem Mädchen, dass sie ein Taxi rufen soll. Sie schaut mich wütend an, aber sie macht es.

Es dauert eine Ewigkeit, bis das Taxi endlich kommt. Ich tigere nervös durchs Zimmer und schaue unentwegt auf die Uhr. Die Minuten – und meine Chancen auf einen Vertrag – rinnen mir davon wie Sand zwischen den Fingern. Es ist, als hätte ich es nur darauf angelegt. Es ist mehr als nur Dummheit oder die Weigerung, die Konsequenzen meines Handelns sehen zu wollen. Es ist immer das gleiche Muster: Ich sabotiere mich selbst. Ich mache alle schönen Dinge in meinem Leben kaputt. Meinen Körper, meine Karriere, meine Beziehung, meine Freundschaften. Und vielleicht tue ich es in den letzten Jahren sogar mit Absicht. Ich bin kein gewissenloser Soziopath. Ich bin kein gefühlloser Macho. Ich bin kein empathieloses Arschloch. Ich bin kein schlechter Mensch – zumindest glaube ich das selbst nicht von mir –, aber manchmal verhalte ich mich so. Irgendwo tief in mir drinnen gibt es etwas, das glaubt, dass ich keine schönen Dinge verdiene. Ein neuer Vertrag, eine liebevolle Freundin – ich frage mich, ob ich es wert bin. Ein Teil von mir sabotiert mich selbst, um meine Lügen und mein falsches Spiel zu bestrafen.

Endlich, endlich kommt das Taxi. Ich springe rein, gebe dem Fahrer die Adresse und sage ihm, dass er sich beeilen soll. Eine Stunde rasen wir durch Colorado – im Licht der aufgehenden Sonne wirkt die Welt hart und rau. Geil oder betrunken bin ich schon lange nicht mehr; ich habe nur pochende Kopfschmerzen. Um fünf vor sieben kommen wir am Hotel an; ich bitte den Fahrer, mich eine Ecke weiter abzusetzen. Ich gehe durch die Eingangstür und schleiche durch die Lobby, so dass niemand mich sieht. Ich luge um die Ecke in den Frühstücksraum: Die ersten Fahrer sitzen bereits da. Ich fahre mit dem

Aufzug hoch zu meinem Zimmer; mein Zimmergenosse ist schon weg. Ich sollte wahrscheinlich am besten auch schnell meine Klamotten wechseln und nach unten gehen, aber ich setze mich auf den Rand meines Bettes, den Kopf in meinen Händen vergraben. Was zur Hölle mache ich nur? Um zehn nach sieben klopft es an der Tür. Es ist Charly Wegelius – einer der Sportlichen Leiter von Garmin, aber auch ein halbes Jahr lang mein Teamkollege bei Lotto. Charly sieht mir an, dass es spät geworden ist: Meine Tränensäcke sind so schwer, dass es wehtut, wenn ich blinzle. Ich will ihn nicht anlügen. »Ich habe etwas Dummes angestellt, Charly.« Er schüttelt nur den Kopf und stellt mich unter eine kalte Dusche. Fünf Minuten später sitze ich beim Frühstück.

Am selben Tag kommt Vaughters zu mir. Er will, dass ich den Besitzer von Garmin treffe, dem Unternehmen, das sein Team sponsert. Ich schüttle dem Mann die Hand und erzähle noch einmal die Geschichte meiner Radsportkarriere. Der Garmin-Chef nickt, Vaughters nickt. Es ist alles in Butter. Ich bekomme einen Ein-Jahres-Vertrag. Mein Gehalt: 35.000 Euro, der Mindestlohn in der höchsten Division des Radsports. Aber das stört mich nicht – ich hätte es auch ganz umsonst gemacht. Nachdem ich meine Unterschrift unter den Vertrag gesetzt habe, atme ich erleichtert auf. Ich bin wieder Radprofi.

27.

Ein paar Punkte von Vaughters' Anforderungskatalog muss ich noch erfüllen. Und die laufen alle auf dasselbe raus. Ich muss reden. Dass ich gedopt habe, damit kann er leben – er hat es ja selbst getan. Aber er kann nicht akzeptieren, dass ich in den Gesprächen mit dem französischen Verband meinen Mund gehalten habe. Diesen Fehler soll ich nun korrigieren. Er schickt mich zur Welt-Anti-Doping-Agentur. Sein Auftrag: »Tell them.«

Und so sitze ich am 10. Januar 2012 in einer Anwaltskanzlei in Brüssel einem Mann im Anzug gegenüber. Sein Name ist Olivier Niggli und er ist im Auftrag der WADA da. Martijn und Eelco Berkhout sind auch dabei. Ich erzähle ihm meine Geschichte genau so, wie ich sie Vaughters erzählt habe. Welche Mittel ich verwendet habe, nicht die Details. Aber Niggli ist nicht sehr interessiert an meiner Vergangenheit. Er will wissen, was heute im Peloton verwendet wird. Ich sage, dass ich es nicht wüsste: Das letzte Mal, dass ich Doping benutzt habe, sei ja schon ein paar Jahre her. In den zurückliegenden Jahren sei ich nicht mehr Teil des Pelotons gewesen – da hätte ich nur mit meinem fetten Wanst am Strand gelegen. Doch so schnell gibt sich Niggli nicht zufrieden. Er bohrt weiter. Und jedes Mal antworte ich ihm, dass ich es nicht weiß. Die Szene gleicht immer mehr einem Sketch. Nach einer Stunde ist er fertig mit seinen Fragen. Er sagt, dass er mich kontaktieren wird. Bei der WADA würden sie sich gern noch ein paar Mal mit mir unterhalten. Ich höre nie wieder etwas davon.

Das Gespräch mit Niggli ist nicht gerade ein Durchbruch. Aber es hilft mir, mich weiter von der alten Omertà-Kultur zu lösen. Früher habe ich Kontrollbehörden wie die WADA als Feind betrachtet, jetzt sitze ich mit ihnen an einem Tisch. Es ist eine Geste Vaughters gegenüber, aber noch mehr eine Geste gegenüber mir selbst. Ich nehme Abstand von meinem alten Ich und von den Gepflogenheiten meiner alten Teams. Bei Garmin stellen sie keine Kortison-Atteste für ausgedachte Verletzungen aus, und die Mannschaftsärzte haben keine Vergangenheit in der dunkelsten Ära des Radsports. Vaughters will seinen Rennstall in der Öffentlichkeit als »The Clean Team« verkaufen – offen und transparent. Ob das funktioniert, weiß ich nicht, aber es wird auf jeden Fall viel Zeit und Energie darin investiert. Für mich ist es eine völlig neue Erfahrung. Wir werden ermutigt, offen über Doping zu sprechen. In meiner Zeit bei Rabobank waren wir Teil des Systems; bei Garmin wollen sie das System verändern. Sie haben verstanden, dass Doping den Radsport erstickt. Dass es die Sponsoren und das Publikum vergrault. Dass es die Fahrer verheizt.

Vaughters versucht, der »Anti-Lance« zu sein, das personifizierte Gegenstück zur alten Dopingkultur. Vielleicht ist es naiv, aber auf jeden Fall ist es ansteckend. Dank Vaughters sehe ich Doping in einem ganz anderen Licht. Und das ist auch gut so. Denn ich weiß nicht, was passiert wäre, wenn ich nach meiner

Dopingsperre in einem dubiosen kleinen spanischen oder italienischen Team gelandet wäre. Okay, ich wäre dort vermutlich nicht auf die Suche nach Doping gegangen – aber was, wenn man es mir vor die Füße geworfen hätte? Ich würde meine Hand nicht dafür ins Feuer legen, dass ich nicht wieder von den verbotenen Früchten genascht hätte. Ich betrachte mich selbst als Chamäleon. Ich passe mich immer meiner Umgebung an. Wenn meine Umgebung schwarz ist, dann bin ich schwarz. Wenn sie schlumpfblau ist, dann bin auch ich schlumpfblau. Ich bin immer damit beschäftigt, was um mich herum geschieht; ich bin ständig auf der Suche nach äußeren Reizen, nach Ablenkung. Ich bin der ideale Tischgast für eine Hochzeit: Ich kann mit jedem über alles reden, weil ich an allem interessiert bin. Politik, Fußballtransfers, Kunst, Autos, Geld, die neue Frisur einer TV-Moderatorin – ich drehe mich wie ein Fähnchen im Wind.

Mein erstes Rennen für Garmin ist die Katar-Rundfahrt. Wir gewinnen das Mannschaftszeitfahren, ich fahre mehr als ordentlich und belege am Ende den 17. Platz in der Gesamtwertung. In den folgenden Wochen versuche ich, so viele Rennen zu bestreiten wie möglich, um die Jahre ohne Wettkampfpraxis aufzuholen. Erst kommt Paris–Nizza, dann das Critérium International – ich kann es zwar zu Ende fahren, bin aber nicht mal ein Schatten des zwanzigjährigen Neoprofis, der hier einst alle aus den Schuhen fuhr. Anschließend stehe ich am Start des Circuit de la Sarthe, eines kleinen französischen Etappenrennens. Bei der letzten Etappe möchte ich im Finale noch unseren Sprinter Raymond Kreder in einer aussichtsreichen Position an der Spitze des Feldes absetzen. Ich drängle mich also durchs Peloton nach vorn, aber irgendwann sehe ich ihn nicht mehr an meinem Hinterrad. Also greife ich kurzerhand selbst an. Ich schaue mich um: Es hat sich eine Lücke aufgetan. Und zu meiner Überraschung kommt niemand mehr an mir vorbei. Ich gewinne die Etappe vor dem Sprinter Nacer Bouhanni. In den Wochen danach erreiche ich ein paar weitere achtbare Platzierungen beim Pfeil von Brabant, beim Amstel Gold Race und der Bayern-Rundfahrt. Es scheint sich wirklich etwas zu entwickeln. Die Resultate nähren meine Hoffnung, dass ich auf dem Weg zurück an die Spitze bin.

Die Hoffnung trügt. Meine Entwicklung stagniert. Es kommt mir vor, als hinge da irgendwo über mir eine gläserne Decke, an der ich mir jedes Mal den Kopf stoße, sobald ich mich strecke. Solange die Rennen nicht allzu schwer sind, schlage ich mich noch immer achtbar, aber sobald es richtig bergauf geht, ist es ein einziger Kampf gegen mich selbst. Zum Teil ist es ein physisches Problem: Ich bringe 75 Kilo auf die Waage, obwohl ich vier, fünf Kilo leichter sein müsste. Aber das eigentliche Problem ist der Kopf. Ich habe das Gefühl der Unbesiegbarkeit eingebüßt. Ich stehe nicht mehr mit Zuversicht am Start, sondern mit Angst. Ich möchte wieder der Rennfahrer sein, der ich vor dem ganzen Gedope war, aber der alte Thomas Dekker existiert nicht mehr. Ich schleppe eine schwarze Vergangenheit mit mir mit.

Hinzu kommt: Ich lebe nicht so für meinen Sport, wie ich es sollte. Diese manische Getriebenheit ist verschwunden, der Funke springt nicht mehr über. Wenn in meinem Trainingsplan steht, dass ich fünf Stunden trainieren soll, dann trainiere ich genau fünf Stunden und keine Minute länger – früher wäre ich sechs Stunden gefahren. Ich lasse mich immer wieder ablenken. Ich habe mehrere Zuhause und mehrere Frauen. Deutlich weniger zwar als in der Vergangenheit, aber dennoch: Zu viel ist zu viel. In den alten Tagen machte es nichts aus: Man verpasste sich einfach eine neue Ladung Epo oder eine Bluttransfusion und war schnell wieder top in Schuss. Aber im Radsport nach der Einführung des Blutpasses ist alles anders. Man muss wirklich dafür leben, wenn man gut sein will; halbherzige Arbeit wird gleich bestraft. Es gibt so gut wie keine Rennfahrer mehr, die sich mitten in der Saison die Nächte in Discotheken und Bordellen um die Ohren schlagen. Die meisten meiner Teamkollegen liegen im Trainingslager und vor und nach den Rennen nur im Bett. Der moderne Radsport ist berechenbarer. Und auch langweiliger. Man muss größere Opfer bringen als früher. Das könnte ich vermutlich sogar. Wenn denn die Gegenleistung, die ich dafür bekomme, groß genug wäre. Aber für mich sind ein Etappensieg beim Circuit de la Sarthe und ein achtzehnter Platz im Amstel Gold Race nicht genug.

Sportler sind sehr gut darin, sich selbst etwas vorzumachen. Ich rede mir ein, dass ich es immer noch will, dass ich es immer noch kann – aber gleichzeitig freunde ich mich immer mehr mit meiner Nebenrolle an. Die glänzende Rüstung des Selbstvertrauens, in der ich so gerne auftrete, ist nur noch aus Alufolie: ein wenig Knibbeln, und schon ist sie ab. Ich kämpfe mich mehr schlecht als recht durch die Vuelta a

España. Im Gruppetto ist unser Tempo bergauf manchmal schlichtweg lächerlich. Ich erkenne mich selbst nicht wieder, ich erkenne den Radsport nicht wieder. Das Einzige, was ich in Spanien ernten kann, ist ein neuer Vertrag: Vaughters glaubt noch immer an mich. Ich kann zwei weitere Jahre bei Garmin fahren – für 75.000 Euro in der Saison 2013 und für 125.000 Euro im Jahr 2014. Es ist nicht ansatzweise das, was ich früher verdiente, aber es ist deutlich mehr als der Mindestlohn in der WorldTour, wie die höchste Rennserie im Radsport inzwischen heißt. Ich bin ehrlich gesagt ganz zufrieden damit.

Mein Vertrag bei Garmin hat aber auch einen Nachteil: Jacques Hanegraaf glaubt, dass Geld bei mir zu holen ist. Er schickt mir eine Rechnung über mehr als 90.000 Euro für entgangene Einnahmen. Seine Begründung: Weil ich bei Lotto wegen Dopingmissbrauchs gefeuert wurde, habe ich anderthalb Jahre kein Gehalt verdient, von dem er eine Provision erhalten hätte. Es ist zu lächerlich, um es in Worte zu fassen: Gerade er war doch der Ausgangspunkt meines Dopingmissbrauchs. Ich weigere mich, auch nur einen Cent zu zahlen. Die Sache landet schließlich vor Gericht, wo sie zu meinen Gunsten entschieden wird.

Kurz nach der Spanien-Rundfahrt 2012 wird die Welt des Radsports aus den Angeln gehoben. Der USADA-Bericht wird veröffentlicht: Hunderte von Seiten mit Zeugenaussagen und Beweisen zum Doping im Team US Postal von Lance Armstrong. Tyler Hamilton wiederholt seine Aussage in einem Buch, das Armstrongs Kartenhaus endgültig zum Einsturz bringt. Armstrong steht an der Spitze der Pyramide – wenn er stürzt, reißt er andere Fahrer und Teams mit. Bei Garmin legen mehrere meiner Teamkollegen, darunter Dave Zabriskie, Christian Vande Velde und Tom Danielson, Dopinggeständnisse ab. Der Schneeball wird immer größer und größer, er wächst sich zu einer Lawine aus, die auch die Niederlande erreicht: Im USADA-Bericht werden auch einige Rabobank-Fahrer namentlich genannt. Die Verantwortlichen bei der Bank haben endgültig genug und ziehen den Stecker. Das verändert auch meine Situation.

Auf der einen Seite werde ich mit einer Menge Mist konfrontiert: Die Vergangenheit wird wieder an die Oberfläche gespült und ich stehe als überführter Doper erneut im Rampenlicht. Aber es gibt auch eine andere Seite. Vielen Menschen fällt es wie Schuppen von den Augen: Die Leute begreifen nun, dass ich bei Rabobank keineswegs die Ausnahme war. Sie erkennen, dass es nur einen Unterschied zwischen mir und vielen anderen Dopern gibt – dass ich erwischt wurde und die anderen nicht.

Da Rabobank aus dem Radsport-Sponsoring ausgestiegen ist, habe ich auch nicht mehr länger das Gefühl, für andere schweigen zu müssen. Früher hatte ich Angst, dass ich eine Menge Leute um ihren Job bringen könnte, wenn ich den Mund aufmache: die Soigneurs, die Mechaniker und die Fahrer, die nichts damit zu tun haben. Jetzt gibt es keinen Sponsor mehr, den man vergraulen könnte. Es ist, als läge nun eine leere Straße vor mir. Es fühlt sich an wie eine Chance. Endlich kann ich den Ballast, den ich all die Jahre mit mir mitgeschleppt habe, abwerfen. Die Wahrheit gärt und modert schon so viele Jahre in meinem Inneren vor sich hin. Ich will es loswerden. Ich will reden. Nicht ein bisschen, sondern ganz. Die Lügen, die Ausflüchte, die Heuchelei – alles muss heraus. Außerdem habe ich begriffen, dass der Radsport, der Sport, den ich liebe, immer von seiner Vergangenheit verfolgt werden würde. Wenn die Wahrheit nicht herauskommt, dann bleibt der Kloakengeruch auf ewig an diesem Sport haften und es würde sich nie etwas ändern. Ich möchte nicht daran denken, dass mein Neffe, der auch Radrennen fährt, bald in genau dieselbe Situation kommen könnte wie ich mit einundzwanzig.

Im Januar 2013 erzähle ich in einem Interview mit dem *NRC Handelsblad* über meine Zeit bei Rabobank: über das Doping, über meine Teamkollegen, über die Mannschaftsärzte. Ich gestehe, dass ich Kunde von Doktor Fuentes war und von ihm unter dem Pseudonym »Clasicomano Luigi« geführt wurde. Ich lasse eine Pressemitteilung versenden, dass ich an den Untersuchungen der niederländischen Anti-Doping-Behörde mitwirken werde. Am Tag, als die Pressemitteilung verschickt wird, bin ich zum Trainieren in Calpe in Spanien, um mich auf die neue Saison vorzubereiten. Michael Boogerd ruft mich an. Ich gehe nicht ans Telefon; ich habe seit einer Ewigkeit nicht mehr mit ihm gesprochen und ich will nicht mit ihm sprechen. Er ruft noch mal an. Und noch mal. Und noch Dutzende Male. Er hört nicht auf, mich anzurufen. Ich bin mit der Sache durch. Ich wurde erwischt, ich wurde gesperrt, ich habe jahrelang meinen Mund gehalten, aber damit ist jetzt Schluss. Ich will nicht länger für andere die Kastanien aus dem Feuer holen. Ich werde nicht länger lügen, damit andere sich der

Wahrheit nicht stellen müssen. Ich lebe jetzt, nicht in der Vergangenheit.

Ich schicke Michael schließlich eine Nachricht: »Irgendwann ist es genug.«

Das Gespräch mit der niederländischen Anti-Doping-Behörde findet am 4. Februar 2013 statt. Es beginnt befremdlich. Ich bin gekommen, um ihnen zu helfen, aber gleich zu Anfang macht mir Herman Ram, der Leiter der Behörde, klar, dass ich erneut bestraft werden würde, wenn neue Tatsachen auf den Tisch kommen. Eine erneute Strafe, das kann eigentlich nur bedeuten: noch mal ein paar Jahre Sperre. Es fühlt sich an wie ein Schlag ins Gesicht. Ich habe für meine Vergangenheit gebüßt, und es ist nicht so, dass ich nach meiner Sperre noch mal Doping verwendet hätte. Ein Anreiz, komplett auszupacken, ist das nicht. Eher im Gegenteil. Es wirft einen Schatten auf dieses Treffen. Aber ich erzähle ihnen alles, was ich erlebt habe. Ich erzähle ihnen von Hanegraaf, von Fuentes, von Matschiner, von Leinders und Van Mantgem, von den Kortison-Attesten von Jan Mathieu. Ich erzähle ihnen von Boogerd – nicht, was er geschluckt oder gespritzt hat, aber was er mir beigebracht hat und wie er mir zu Dynepo und der Telefonnummer von Matschiner verholfen hat. Eine Sache lasse ich aus: dass ich Testosteron verwendet habe. Denn für die paar Pflaster könnte ich erneut bestraft werden. Ich weigere mich, mich noch länger als Sündenbock benutzen zu lassen: Wenn Herman Ram unbedingt Fahrer öffentlichkeitswirksam sperren und damit ins Fernsehen kommen will, soll er seine Arbeit gefälligst selbst machen.

Als die neue Radrennsaison beginnt, bin ich erschöpft und erleichtert zugleich. Der Ballast ist weg, die stinkende Wahrheit liegt auf der Straße. Aber es fühlt sich irgendwie auch ein bisschen an wie Abschiednehmen. Abschied von der Vergangenheit und vielleicht auch ein wenig Abschied vom Radsport.

28.

Ich bin allein. Alles, was ich höre, ist mein eigener Atem und das summende Geräusch, das die Räder meiner Zeitfahrmaschine machen. Es ist früh am Nachmittag – lange bevor die TV-Übertragung beginnt, lange bevor die Kapitäne und die großen Namen an der Reihe sind. Zuschauer sind zu diesem Zeitpunkt kaum an der Strecke. Wenn überhaupt mal jemand am Straßenrand steht, starrt er oder sie mich nur gelangweilt an, wenn ich vorbeirausche. Niemand ruft meinen Namen. Früher habe ich mich auf Tage wie diese gefreut, früher fieberte ich den Zeitfahretappen entgegen. Aber es ist nicht mehr früher. Im Giro d'Italia 2013 fülle ich bestenfalls das Peloton auf. Auch im Zeitfahren. Ich gebe nicht einmal mehr mein Bestes. Ich schleppe mich bis ins Ziel in Saltara, weil ich es muss. Ich werde 135. im Tagesklassement, mit fast acht Minuten Rückstand auf Alex Dowsett und Bradley Wiggins.

In meinen ersten Jahren als Radrennfahrer loderte in mir eine Art Heiliges Feuer, das sich zu einem Großbrand auswuchs. Aber davon ist im Jahr 2013 nichts mehr zu spüren. Mit dem Heiligen Feuer ist es das Gleiche wie mit einem gewöhnlichen Feuer im heimischen Kamin: Wenn man kein Holz nachlegt und es keinen Sauerstoff bekommt, geht es aus. Man muss es am Brennen halten. Und das habe ich nicht. Das Feuer in mir ist bestenfalls noch ein kleiner Schwelbrand.

Ich trainiere auf Autopilot, ich fahre Rennen ohne jedwede Ambitionen. Martijn und Eelco haben mir einen griechischen Trainer besorgt – es ist ein Versuch, meiner Karriere neue Impulse zu verleihen. Vasilis Anastopoulos heißt der Mann, aber alle nennen ihn nur Vasi. Er versucht, meinem Training mehr Struktur und Ernsthaftigkeit zu geben. Aber ich erledige nicht einmal die Hälfte von dem, was er mir aufträgt. Ich schleppe mich von Rennen zu Rennen. Für Außenstehende sind Radrennen ein Sport, in dem es um die stärksten Beine und das größte Lungenvolumen geht, aber in Wirklichkeit spielt der psychologische Faktor eine viel größere Rolle, als alle denken. Man muss leiden wollen, man muss seine Schmerzgrenze verschieben, man muss in der Lage sein, sich selbst in Grund und Boden zu fahren. Ich kann das nicht mehr. Ich habe den Glauben an mich selbst verloren; in meinem Herzen haben sich die Zweifel eingenistet. Wenn es bergauf geht und ich am Limit bin, denke ich, dass ich der Einzige bin, dem es so geht – vor meiner Dopingsperre hätte ich angegriffen, weil ich wusste, dass die anderen Fahrer in der Gruppe auch am Limit sind. Es ist, als wäre ich ein anderer Mensch. Früher musste ich mir über nichts Gedanken machen und alles ging wie von selbst; jetzt kann ich ganze Nächte über irgendwelche Nichtigkeiten grübeln.

Innerhalb des Teams ist klar, dass es andere Fahrer gibt, Kollegen wie Dan Martin oder Ryder Hesjedal, die deutlich besser sind als ich. Sie fahren in den Rennen schnell, in denen ich früher schnell gefahren bin. Ich selbst bin in »meinen« Rennen nur noch Helfer. Ich reibe mich für das Team auf, werde im Finale abgehängt und rolle zum Ziel. Ich arrangiere mich mit dieser Rolle, weil ich keine andere Wahl habe. Im Team sieht niemand in mir mehr als einen Wasserträger. Manchmal lasse ich mich im Training komplett hängen, aber niemand sagt etwas. Bei Lüttich-Bastogne-Lüttich halte ich den ganzen Tag Dan Martin aus dem Wind. Am Ende gewinnt er das Rennen. Ich finde es toll für ihn und für das Team, aber ich selbst ziehe keinerlei Zufriedenheit daraus. Ich bin es nicht gewohnt, das ganze Jahr über für andere zu fahren.

Andererseits: Den Radsport aufzugeben, kommt mir auch nicht in den Sinn. Das Radfahren gibt mir eine Art von Sicherheit. Ich tue etwas, was ich kann und womit ich mich auskenne. Ich habe nie im Leben etwas anderes gemacht. Ich habe keinen Abschluss, keine Ausbildung. Ich weiß nicht, was ich mit meinem Leben anstellen sollte, wenn es den Radsport nicht gäbe. Also fahre ich weiter.

Alles gerät zur Routine, zum ewigen, ermüdenden Trott. Trainieren, essen, schlafen, Rennen fahren – ich erledige einfach meinen Job, ohne Überzeugung und ohne Freude. Abseits des Radsports ist mein Leben, für meine Verhältnisse, auch ziemlich langweilig. Ich gehe nicht auf wilde Partys, ich betrinke mich seltener sinnlos. Ich lasse mich weniger gehen als früher. Denn wenn ich keine Leistungen bringe, dann möchte ich mir auch keine Ausschweifungen gestatten. Wenn ich überhaupt noch ausgehe, dann sicherlich nicht, um etwas zu feiern. Eher aus Langeweile.

Für einen kurzen, flüchtigen Moment habe ich das Gefühl, dass ich es noch kann: Ende 2013 bin ich wochenlang am Stück mit dem Team in Trainingslagern und bei Rennen in Nordamerika unterwegs. Ohne die Ablenkungen und Versuchungen, die es zu Hause immer gibt, verbessert sich meine körperliche Verfassung schnell – ich bin dünner, als ich es in der ganzen Saison gewesen bin. Aber bei der Erkundung des Prologs der Tour of Alberta gehe ich kopfüber über den Lenker, weil ich ein Schlagloch in der Straße übersehen habe. Mein linkes Knie fängt unmittelbar an, höllisch wehzutun. Dem Teamarzt von Garmin zufolge ist es nicht erforderlich, die Sache im Krankenhaus untersuchen zu lassen. Also fahre ich tagelang mit einem dicken Knie herum; zuerst in Alberta, danach im Grand Prix Cycliste de Québec. Der stechende Schmerz lässt nicht nach. Vaughters verbietet mir, die Rennen einfach Rennen sein zu lassen und nach Hause zu fliegen, aber ich tue es trotzdem. In Québec buche ich mir eigenhändig ein Ticket nach Paris. Ich nehme den TGV nach Brüssel, wo Kees mich abholt. Wir fahren direkt ins Krankenhaus in Veldhoven. Ich lasse eine MRT-Untersuchung machen. Mein Schienbein scheint gebrochen zu sein. Ich schicke Vaughters eine E-Mail mit den Untersuchungsergebnissen, aber eine Antwort darauf bekomme ich nie. Ob beabsichtigt oder nicht, die Botschaft ist klar: Ich bin kein wichtiger Fahrer in seinem Team.

29.

Fünf Jahre, nachdem wir es geplant hatten, passiert es dann doch noch: Linda und ich ziehen zusammen. Linda setzt mir die Pistole auf die Brust. Sie ist es satt, dieses ständige Hinauszögern, sie will es noch ein letztes Mal probieren – dann aber richtig. Entweder wir trennen uns endgültig oder wir ziehen zusammen. Wir entscheiden uns für Letzteres.

Wir haben seit Jahren eine Art On-off-Beziehung geführt. Manchmal waren wir zusammen, manchmal waren wir auseinander, und manchmal wusste ich nicht mal, ob der Schalter gerade auf »an« oder »aus« stand. Es passiert einfach ständig etwas, was uns auseinandertreibt. Ich könnte behaupten, dass immer zwei dazugehören, aber das wäre eine glatte Lüge. In neun von zehn Fällen bin ich schuld. Ich gehe fremd, ich fliege als Doper auf, ich komme sternhagelvoll nach Hause, ich fahre mich beinahe selbst zu Klump – ich sabotiere mich selbst, wo ich kann, und damit sabotiere ich auch unsere Beziehung. Immer wieder gibt es Stress, immer wieder gibt es bizarre Vorkommnisse und Unfälle. Ich habe mein Leben nicht im Griff, geschweige denn mein Leben mit Linda. Und sie hat keinen Zugriff auf mich. Aber wie viele Probleme wir auch immer haben mögen: Wir lieben uns von ganzem Herzen.

Linda ist jeden Tag mein Ruhepol. Wir reden stundenlang miteinander. Wenn wir zusammen essen gehen, aber auch übers Telefon. Wir telefonieren viele Male am Tag. Wenn sie auf dem Weg zu ihrer Arbeit in einer Anwaltskanzlei in Eindhoven ist, und wenn sie nach Feierabend wieder vom Büro nach Hause fährt. In gewisser Weise sind wir füreinander da – wenn auch stets mehr sie für mich als andersherum. Linda ist einer der wenigen Fixpunkte in meinem Leben, die mir Halt geben. Niemand kennt mich besser als sie. Und sie ist einer der wenigen Menschen, die mir den Spiegel vorhalten können. Sie kann mir den Kopf waschen und sie weiß, wie man mich erreicht. Wenn sie etwas sagt, dann höre ich wirklich zu. Nur handele ich leider nicht immer entsprechend.

Im Oktober 2013 zieht Linda zu mir nach Lommel. Es klappt gut und schlecht zugleich. Ich finde es schön, nicht allein zu sein, ich mag Linda sehr, aber ich finde das Zusammenleben auch kompliziert. Ich bin längst nicht mehr der egoistische Drecksack, der ich Jahre zuvor war, aber ich bin auch alles andere als ein Heiliger. Weil das Radfahren zur Routine für mich geworden ist, suche ich andere Reize. Und andere Reize, die tragen bei mir häufig einen Rock und High Heels. Ich weiß, dass es dumm ist, ich weiß vorher, dass ich es bedauern werde, und doch tue ich es. Eine Frau genügt mir nicht. Ich bin maßlos und destruktiv bis ins Mark.

Im Winter bin ich monatelang von zu Hause weg. Ich reise von Trainingslager zu Trainingslager, und ich steige schon im Januar in die Saison 2014 ein, auf der anderen Seite der Welt. Ich bestreite erst die Tour Down Under und dann die Herald

Sun Tour. Im Februar bin ich ein paar Wochen zu Hause, bevor es zur Fernfahrt Tirreno-Adriatico geht. Am Abend, bevor ich nach Italien fliege, bekommt Linda versehentlich eine SMS auf meinem Handy zu Gesicht. Die Nachricht lässt an Eindeutigkeit nicht zu wünschen übrig – ich habe sie wieder betrogen. Ich rede mit Engelszungen auf Linda ein und entschuldige mich aus tiefstem Herzen bei ihr, dann breche ich in der Hoffnung zu Tirreno-Adriatico auf, dass alles wieder gut wird. Ich versuche, mich auf das Rennen zu konzentrieren. Aber ein paar Tage darauf erhalte ich spät abends eine Nachricht von ihr. Sie hat ihre Koffer gepackt und ist ausgezogen. Sie kommt nie mehr zurück.

Ich liege bis fünf Uhr morgens wach und starre an die Decke. Gebrochen steige ich ein paar Stunden später auf mein Rad. Eine zweihundert Kilometer lange Etappe liegt vor mir. Meine Beine spulen maschinell die Kilometer ab, mit meinen Gedanken bin ich ganz woanders. Ich bin traurig und niedergeschlagen, und ich bin furchtbar enttäuscht von mir. Ich habe es vermasselt. Wenn es einen Menschen auf der Welt gab, der mich kannte, dann sie. Wenn es einen Menschen auf der Welt gab, der mir festen Boden unter den Füßen gab, dann sie. Und gerade sie hat mich nun verlassen, für immer. Ich kann es ihr nicht übelnehmen. Eigentlich gab es in unserer Beziehung nur ein Problem: dass ich auch dazugehörte.

30.

Mein Knie tut weh. Meine Beine schmerzen. Mein Herz ist gebrochen. Es ist August 2014, die Tour of Utah. Mein Teamkollege Tom Danielson führt in der Gesamtwertung. Ich bin tagelang vorne im Wind gefahren. Morgen ist die letzte Etappe, aber ich bin fertig mit diesem Rennen. Den letzten Tag werden sie auch ohne mich überstehen. Ich ziehe an den Bremsen und drehe um: Wir sind gerade an unserem Hotel vorbeigekommen. Schon die ganze Saison reiße ich keine Bäume aus. Ich bin nur noch ein Schatten des Radrennfahrers, der ich einmal war. Mein Körper nimmt bereits Abschied vom Radsport, nur mein Kopf weiß es noch nicht.

Radrennfahrer bin ich lediglich noch auf dem Papier, nicht aber im Herzen. Einige Monate zuvor habe ich den Giro d'Italia während einer Etappe aufgegeben, die unter dem Diktat von Schnee und Hagel stand. Wir hatten eigentlich unter den Fahrern vereinbart, bei diesen Bedingungen nicht zu fahren, sind dann aber doch gestartet: Wir rasten Abfahrten hinab, während der Schnee auf unseren Brillen gefror. Das alles war völliger Irrsinn. Ich erkannte plötzlich den Wahnsinn meines Berufes. Was zur Hölle machten wir hier? Was sollte ich hier? Ich stieg ab. So wie jetzt in Utah. Ich fahre entspannt zum

Hotel in Park City. Ich steige unter die Dusche und lege mich ins Bett. Ein paar Stunden später wache ich auf. Da ich am nächsten Tag nicht mehr Rennen fahren muss, gehe ich abends in die Stadt.

Die Kneipe, in der ich lande, heißt No Name Saloon. Das trifft sich gut. Ich bin hier ein Namenloser. Niemand kennt mich. Ich bin nur ein Teilnehmer bei irgendeinem Sportwettkampf. Ich bestelle mir etwas zu trinken an der Bar. Noch bevor ich ausgetrunken habe und einen weiteren Drink bestellen kann, steht ein neues Glas vor mir. Es wurde mir von einem Typen spendiert, der ein Stück weiter steht. Er zwinkert mir zu. Ich gehe zu ihm rüber, um mich für den Drink zu bedanken. Er ist mit zwei anderen Männern da. Aber es ist auch eine Frau dabei. Eine schöne Frau. Sie stellt sich mir als Nathalie vor. Den Rest des Abends habe ich nur noch Augen für sie. Sie ist klug, charmant, aber auch irgendwie geheimnisvoll. Ich könnte nicht mal ihr Alter schätzen – und es ist auch nicht wichtig. Um eins oder zwei gehe ich zurück zum Hotel, aber nicht bevor ich sie nach ihrer Telefonnummer gefragt habe. Am nächsten Tag schicke ich ihr eine Nachricht aufs Handy, ob wir uns nicht treffen wollen. Am selben Abend habe ich ein Date mit ihr. Wir reden stundenlang. Sie ist fast zwanzig Jahre älter als ich. Sie lebt in Los Angeles, sie handelt mit Kunst und ist Filmproduzentin. Sie hat drei Töchter und ist die Ex-Frau des Gründers der Bekleidungsmarke Guess. Wenn sie mich anschaut, schmelze ich dahin. Wir kommen aus Welten, die Lichtjahre voneinander entfernt zu sein scheinen, aber das spielt keine Rolle. Der Abend endet in ihrem Ferienhaus direkt am Fuße einer Skipiste, in dreitausend Metern Höhe.

Ein paar Wochen später treffen wir uns wieder, diesmal in Amsterdam. Wir gehen ins Rijksmuseum, ins Anne-Frank-Haus, wir gehen zusammen essen, wir übernachten im Hotel Pulitzer, wir reden und reden und reden. Von Radsport hat sie keine Ahnung, und den Namen Thomas Dekker hatte sie zuvor noch nie gehört - aber das ist völlig in Ordnung. Sie betrachtet die Welt auf eine ganz andere Weise, als ich es kenne. Sie besitzt Lebenserfahrung, sie hat alles gesehen, ihr ist nichts Weltliches fremd. Ich kann mit ihr über alles reden. Ich begreife, dass ich mich verliebt habe. In den Wochen danach telefoniere ich so oft mit ihr, dass ich schon Angst habe, mein Handy wächst am Ohr fest.

Die Liebe zu meinem Fahrrad kühlt in der Zwischenzeit immer weiter ab. Ich spule die Saison auf Autopilot ab. Das Team gewinnt oft, aber ich bin nur ein kleines unbedeutendes Rädchen im Getriebe. Bei der Lombardei-Rundfahrt gebe ich früh auf. Auf dem TV-Bildschirm im Mannschaftsbus sehe ich Dan Martin das Rennen gewinnen, während ich schon ewig mit dem Duschen fertig bin. Mitten im Oktober fahre ich noch bei der Peking-Rundfahrt durch China. Die letzte Etappe beginnt am Platz des himmlischen Friedens und führt über gefühlte hunderttausend Runden durch die Stadt, bevor sie im Olympiastadion von Peking zu Ende geht. Ich belege den 74. Platz. Dass es mein letztes Resultat als Radprofi ist, weiß ich zu diesem Zeitpunkt noch nicht.

Martijn und Eelco Berkhout versuchen seit Monaten, Jonathan Vaughters zu bearbeiten, dass er meinen auslaufenden Vertrag verlängert. Aber Vaughters lässt sich zu nichts drängen. Garmin fusioniert zur neuen Saison mit der italienischen

Cannondale-Mannschaft und er hat zu viele Fahrer für zu wenige freie Plätze. Er zögert die Entscheidung über meinen Vertrag immer weiter hinaus. Es dauert und dauert. Ich hoffe, gegen besseres Wissen, dass alles schon gut ausgehen wird, und fliege in den Urlaub nach Miami, um Zeit mit Nathalie zu verbringen. Als ich aus dem Urlaub zurückkomme, überbringt Martijn die schlechte Nachricht. »Jonathan wird nicht verlängern.« Es enttäuscht mich, dass Vaughters nicht die Courage hatte, mich selbst anzurufen, aber ich begreife auch, dass ich nicht so einfach einen neuen Vertrag erwarten konnte. Angebote von anderen Teams habe ich nicht. In den letzten zwei Jahren habe ich kaum ein nennenswertes Resultat eingefahren. Um ein neues Team zu finden, bräuchte es ein Wunder. In dieser Nacht kann ich nicht schlafen. Ich starre in die Dunkelheit, in ein schwarzes Loch. Ich bin traurig. Ich mache mir Sorgen. Was soll ich tun? Ich will nicht, dass es zu Ende ist, mein Leben als Radprofi. Vor allem aber will ich nicht, dass es so zu Ende geht. Nicht mit einem 74. Platz in der letzten Etappe der Peking-Rundfahrt. Ich will nicht einfach unbeachtet von der Bildfläche verschwinden. Nicht wie eine leere Plastiktüte, die irgendwo vom Wind über den Horizont geweht wird.

Ein paar Tage später ruft Martijn mich an. »Thomas, wir haben einen Plan. Es gibt da noch eine Sache, mit der du anderen Teams und dir selbst beweisen kannst, dass du noch immer schnell Rad fahren kannst.« Ich runzele die Stirn: »Was denn?« Martijn antwortet: »Den Stundenweltrekord angreifen.«

Ich halte es für eine selten dumme Idee.

31.

Ich hätte den einfachen Weg nehmen können. Ich hätte Martijn und Eelco für verrückt erklären können. Ich hätte den Stundenweltrekord einfach Stundenweltrekord sein lassen können. Ich hätte von einem Tag auf den anderen aufhören können. Ich hätte so tun können, als ob mich das alles nicht interessieren würde. Ich hätte monatelang mit einem Cocktail in der Hand auf einer Insel in der Sonne liegen und in Selbstmitleid baden können.

Aber ich tue es nicht.

Ich nehme den beschwerlichen Weg, zum ersten Mal seit Jahren. Ich weiß, dass ich monatelang dafür trainieren muss, dass ich Schmerzen leiden werde und dass ich Gefahr laufe, zu scheitern. Je länger ich über die Idee, einen Angriff auf den Stundenweltrekord zu wagen, nachdenke, desto reizvoller scheint sie. Ich vertiefe mich in die Geschichte dieses Rekords. Ich lese, dass auch mein Kindheitsidol Miguel Induráin einst den Stundenweltrekord innehatte. Und ich begreife, dass in diesem Rekord die Chance liegt, mich in eine Reihe mit den ganz Großen dieses Sports zu fahren. Die UCI hat das Reglement geändert: Seit kurzem ist es erlaubt, Zeitfahrräder zu verwenden. Der Rekord ist aktuell im Besitz des Österreichers

Matthias Brändle: Er hat 51,852 Kilometer in einer Stunde zurückgelegt. Brändle ist gewiss ein guter Fahrer, besser fraglos als ich in den letzten Jahren, aber er ist keiner der großen Stars. Ich weiß, dass Bradley Wiggins ebenfalls einen Angriff auf den Stundenweltrekord ins Auge gefasst hat. Und es ist so sicher wie das Amen in der Kirche, dass er Brändles Bestmarke dann pulverisieren wird. Wenn ich also den Stundenweltrekord erobern will, und sei es auch nur für einen Moment, muss ich dafür Sorge tragen, dass ich Wiggins zuvorkomme.

Im November haben wir in Eindhoven ein Treffen mit einer Reihe von Spezialisten, die Martijn und Eelco zusammengetrommelt haben. Das Team besteht aus einem Trainer (Vasi), zwei Sportwissenschaftlern (Leon Burger und Jim van den Berg) und einem Mann mit spezifischem Wissen über den Bahnradsport (Peter Schep, ein früherer Weltmeister im Punktefahren). Peter äußert seine Zweifel. Er hat mich jahrelang nicht schnell Rad fahren sehen und fragt sich, ob ich es noch draufhabe. Die anderen glauben, dass ich es schaffen kann, zumindest theoretisch. Aber dazu muss alles passen. Und vor allem: Ich muss ganz anders arbeiten als in den vergangenen Jahren. Die Vorbereitungszeit beträgt dreieinhalb Monate. In dieser Zeit muss ich nur für diesen Rekord trainieren und leben. Wenn ich dieses Opfer nicht bringen kann, wäre das ganze Unterfangen sinnlos. Ich verspreche ihnen hoch und heilig, dass ich alles für den Rekord tun werde. Ob sie meinen Worten wirklich Glauben schenken, weiß ich nicht. Ich hoffe es. Und ich hoffe, dass ich mir selbst auch glaube.

An einem kalten Winternachmittag unternehme ich mit Jim und Leon einen Labortest in Sloten, um zu sehen, wo ich leistungsmäßig stehe. Es ist ein kleines Drama. Meine körperliche Verfassung stimmt vorne und hinten nicht. Mein Körperfettanteil beträgt über fünfzehn Prozent und an der Schwelle trete ich gerade mal 355 Watt. Wenn ich eine Chance auf den Rekord haben will, muss ich rund 60 Watt mehr auf die Pedale bringen – eine Stunde lang. Jim kratzt sich am Hinterkopf und sagt: »Naja, zumindest gibt es Spielraum für Steigerungen, um es mal so zu formulieren.«

Zögerlich nehme ich die ersten Trainingseinheiten in Angriff. Ich bin verunsichert, und der Tag des Stundenweltrekordversuchs scheint noch so weit weg. Der Trainingsplan fühlt sich an wie ein Korsett, in dem ich zu ersticken drohe. Manchmal beschwere ich mich bei Jim und Leon über das Training. Es ist zu viel, es ist zu hart und manchmal ist es mir zu früh am Tag. Aber ich erfülle alles, was sie mir auftragen. Ich unternehme ein Trainingslager in Griechenland. Ich absolviere Ausdauer-Einheiten auf der Straße, intensive Einheiten auf der Bahn und drei Mal pro Woche spezifisches Krafttraining in Bree – mit Tom Boonen und Johan Vansummeren. Ich rühre keinen Tropfen Alkohol an. Mir steht fast immer jemand im Nacken, wenn ich trainiere: Vasi, Jim, Peter und Leon haben mich ständig im Auge. Ich kann das Training nicht eine Sekunde schleifen lassen, ich kann mich nicht verstecken. Wenn ich nicht hart genug trainiere, kriege ich einen Tritt in den Hintern. Und wenn ich gut trainiere, bekomme ich einen Klaps auf den Hinterkopf. Die Arbeit zahlt sich aus. Ich werde immer besser. Und besser. Und besser. Bei den Tests erziele ich ständig bessere Werte, und ich gewöhne mich immer besser an mein Koga-Rad und auch an die aerodynamische Haltung, die ich darauf einnehmen muss: Für mein Gefühl fahre mit der Zunge am Vorderreifen.

Nach zwei Monaten Vorbereitung fühle ich etwas, was ich sehr lange nicht gefühlt habe. So etwas wie Glaube an mich selbst. Selbstvertrauen. Echtes Selbstvertrauen, kein gespieltes. Ich kriege wieder Oberwasser. Ich bekunde öffentlich, dass ich den Rekord brechen werde. Dass ich Brändles Bestmarke locker überbieten werde. Seit Jahren brannte das Heilige Feuer in mir auf Sparflamme; nun beginnt es wieder zu lodern. Ich fühle mich endlich wieder als Radrennfahrer.

Es ist ein gemischtes Gefühl. Zum einen fühlt es sich großartig an, dass ich auf dem Rad wieder diese magische Kraft besitze, auf der anderen Seite ist es eine Provokation. Den Testergebnissen zufolge habe ich mich in nur drei Monaten um siebzehn Prozent verbessert. Das ist die Steigerungsrate eines Hobbyfahrers, nicht die eines Profis. Mir wird schmerzhaft die Realität vor Augen geführt. Nun, da ich wieder für den Radsport lebe, erinnere ich mich, wie ich trainiert habe, bevor ich Profi wurde, und wie ich in den ersten Jahren bei Rabobank malocht habe. Ich habe die letzten Jahre einfach verschenkt. Ich habe es schleifen lassen. Ich habe zugesehen, wie meine Karriere in meinen Händen zerbröselt.

Ich sitze vor dem Fernseher, als zwei Australier den Rekord von Brändle angreifen. Jack Bobridge schafft es nicht, er bricht seinen Versuch nach einer Dreiviertelstunde ab. Aber Rohan Dennis hat Erfolg: Er schraubt den Stundenweltrekord auf 52,491 Kilometer. Das ist ein Rückschlag für mich, denn nun muss ich noch schneller fahren als ursprünglich geplant.

Dennis ist zu dieser Zeit einer der besten Zeitfahrer der Welt. In den vergangenen Jahren war er mir in fast jedem Einzelzeitfahren haushoch überlegen. Und was mir auch auffällt, ist, dass Bobridge und Dennis bei ihren Rekordversuchen sichtlich leiden. Es bestätigt meine Befürchtungen: Diese eine Stunde auf der Bahn bedeutet handfeste Schmerzen.

Diese Befürchtungen bestätigen sich, als ich einen Test auf der Radrennbahn von Alkmaar unternehme. Mich überkommen nostalgische Gefühle, als ich ins Velodrom komme: Es riecht nach früher. Meine Eltern und meine Freunde sitzen auf der Tribüne. Den Test absolviere ich mit neunzig Prozent. Es läuft gut, aber als ich hinterher vom Rad steige, fühlt sich meine Oberschenkelmuskultur an wie geschundenes Treibholz. Mein Hintern hat sich in einen Klumpen verspannter Muskeln verwandelt: Es ist, als hätte ich eine Stunde lang auf einem Presslufthammer gesessen. Ich humple in die Dusche. Beim Abtrocknen komme ich mit dem Handtuch nicht unter Kniehöhe. Meine Schnürsenkel kann ich nicht selbst zubinden. Aber das größte Problem ist mein Porsche. Ein tolles Auto, aber der Einstieg ist so entsetzlich tief. Mit meinen Treibholzschenkeln und meinem Presslufthammerhintern kann ich mich beim besten Willen nicht reinsetzen. Schließlich krieche ich auf allen Vieren rein – und selbst das klappt kaum. Mit Tränen in den Augen vor lauter Schmerzen fahre ich auf die Autobahn, Richtung Lommel. Ich bin gerade aufgefahren, als die Tankleuchte aufblinkt. Ich fange an zu fluchen. Ich fahre bei der ersten Tankstelle an der A9 ab. Ich hieve mich aus meinem Auto, tanke voll und humple zur Kasse und zurück. Aber dann muss ich mich wieder in meinen Porsche hineinwinden. In der Zwischenzeit haben sich meine Oberschenkelmuskeln nur noch mehr verspannt. Ich habe das Gefühl, sie stehen kurz vor dem Zerreißen. Was ich auch versuche, ich komme nicht mehr in meinen Porsche rein. Ich rufe Dirk an. Er war mit einem Freund zum Velodrom nach Alkmaar gekommen, um bei der Testfahrt zuzuschauen. Er ist bereits an Amsterdam vorbei, aber er macht noch mal kehrt, um mich aufzulesen. Ich fahre mit ihm nach Lommel, sein Freund fährt den Porsche.

Am Tag nach dem Test breche ich mit meinen knüppelhart verspannten Oberschenkeln und Leon Burger nach Mexiko auf. Auf zu meiner Geheimwaffe: Höhe. Ich werde meinen Rekordversuch auf der Radrennbahn von Aguascalientes unternehmen. Die liegt auf 2.000 Metern über dem Meeresspiegel. Der Vorteil besteht darin, dass es in dieser Höhe weniger Luftwiderstand gibt, der Nachteil ist der geringere Sauerstoffgehalt in der Luft. Deshalb muss ich mich erst akklimatisieren. Dafür nehmen wir uns zwei Wochen Zeit. Ich trainiere locker, wir nehmen die Feinabstimmung am Material vor. Nathalie kommt. Sie sieht, wie verbissen ich bin, aber auch, wie groß meine Nervosität ist. Mein Stundenweltrekordversuch wird live im Fernsehen und im Internet übertragen: Jeder kann verfolgen, wie ich mich schlagen werde. Der Tag kann ein glänzendes Comeback bringen, aber es kann auch passieren, dass ich als geschlagener Mann abtrete. Über die Frage, ob es mein letzter Auftritt als Radrennfahrer ist, will ich nicht nachdenken.

Der große Tag ist der 25. Februar 2015. Ich fühle es bereits, als ich aufwache: Ich bin aufgeregt wie ein Teenager vor der Fahrprüfung. Fünf Minuten nach dem Frühstück hänge ich über der Toilettenschüssel: Ich kotze alles wieder aus. Auf dem Weg zum Velodrom spüre ich, wie heftig mein Herz schlägt. Es fühlt sich furchtbar und schön zugleich an. Ich habe es vermisst: dieses Lampenfieber, diese zum Zerreißen gespannten Nerven.

Auf der Radrennbahn warten Vasi, Jim, Leon, Martijn und Eelco schon auf mich. Es bedeutet mir viel, dass sie alle für mich nach Mexiko gekommen sind. Die Tribünen sind mit Schulkindern gefüllt. Ich fahre mich auf der Rolle warm. In den Katakomben des Velodroms schäle ich mich in meinen Zeitfahranzug. Ich ziehe meine Socken an und meine Schuhe. Ich setze meinen Helm auf. Ich flüstere mir zu: »Auf geht's, Thomas.« Auf der Bahn steht mein Fahrrad schon bereit. Ich steige auf und warte, bis es an der Zeit ist. Aus den Lautsprechern schallen die ersten Songs der Playlist, die Nathalie extra für mich zusammengestellt hat. Eine Pistole wird abgefeuert. Ich setze mich in Bewegung. Meine Beine jubilieren, meine Lunge öffnet sich.

Die ersten 20 Minuten spüre ich meine Beine nicht, so gut fühlen sie sich an. Mit meinen Durchgangszeiten liege ich gleichauf mit Rohan Dennis, aber ich weiß, dass das Härteste erst noch kommt. Wenn die Stunde voranschreitet, werden die Minuten immer länger. Meine Herzfrequenz steigt. Mein Atem wird schwerer und schwerer. Nach 40 Minuten kommt schlagartig die Erschöpfung. Ich bin darauf vorbereitet, ich weiß, dass es kommen wird, und doch fühlt es sich an, als würde ich einen Knüppel ins Genick kriegen. Aus Radfahren wird Ringen, der runde Pedaltritt gerät zu Gestampfe. In einem normalen Einzelzeitfahren kann man gelegentlich ein wenig den Druck von den Pedalen nehmen – und sei es nur in einer Kurve –, aber auf der Bahn ist das nicht möglich. Der Druck baut sich immer weiter auf. Meine Zunge hängt mir Stück für Stück weiter aus dem Mund. In den Kurven schlingere ich immer mehr. Mein Puls geht auf die zweihundert zu. Alles tut weh. Mein Rücken, meine Beine, aber vor allem meine Lunge. Ich schnappe nach Luft wie ein Goldfisch in seinem Glas. Ich frage mich, ob ich je so gelitten habe, aber ich kann mich nicht erinnern. Das hier ist Folter. Ich muss weiter schnelle Rundenzeiten fahren, aber es klappt nicht. Ich fange an, gegenüber Rohan Dennis zurückzufallen. Zuerst unmerklich, dann ein wenig mehr. Die letzten Minuten sind ein einziger Kampf gegen mich selbst. Ich will den letzten Funken Energie aus meinem Körper herauspressen. Wenn ich untergehe, dann mit erhobenem Haupt. Ich schmecke Blut im Mund. Meine Lungenbläschen scheinen zu platzen, meine Beine rufen nach meiner Mutter.

Und dann ist es vorbei.

Ich schaffe es nicht. Ich verpasse den Rekord. Um zweihunderteinundsiebzig Meter, um genau zu sein. Ich bin komplett erledigt. Ich bin hinüber. Nachdem man mir vom Rad geholfen hat, setze ich mich erst mal hin, direkt auf die Planken der Bahn. Ich vergrabe mein Gesicht in den Händen. Nach ein paar Minuten stehe ich auf und gehe in die Umkleidekabine. Dort breche ich in Tränen aus. Ich bin so müde, so entsetzlich müde. Vom Stundenweltrekord, von all dem Stress, von den vergangenen Jahren. Ich bin enttäuscht, dass ich es nicht geschafft habe, aber ich bin auch stolz. Ich habe etwas getan, wozu ich in den letzten Jahren niemals fähig gewesen wäre. Ich habe gegen Rohan Dennis verloren, aber ich habe gegen mich selbst gewonnen. Ich kann die Zeit nicht zurückdrehen, ich kann all die verlorenen Trainingsjahre nicht wieder gutmachen, ich kann nie mehr der Thomas Dekker sein, der ich einmal war – aber verflucht noch mal, ich kann es noch.

32.

Ich hänge in einem Sessel und schaue nach draußen, auf das Flugzeug, das uns gleich von Mexico City zurück nach Amsterdam bringt. Ich kann kaum die Augen offen halten. Gestern waren wir alle zusammen in Aguascalientes aus, und es ist spät geworden. Das durfte es auch ruhig mal wieder: Ich habe zuvor dreieinhalb Monate wie ein Mönch gelebt. Aber offensichtlich habe ich doch ein wenig über die Stränge geschlagen. Die Hälfte des Abends ist in meiner Erinnerung nur ein schwarzes Loch.

Mein Handy klingelt. Ich schaue aufs Display. Es ist Michael Boogerd. Ich habe lange nicht mit ihm gesprochen, er hat es mir übel genommen, dass ich den Mund aufgemacht habe, was früher bei Rabobank passiert ist. Aber seit er selbst ein Dopinggeständnis abgelegt hat, scheint es so, als könnte sich nach der langen Eiszeit zwischen uns zumindest leichtes Tauwetter ankündigen. Ich gehe dran. »Hallo, Michael.« »Hallo, Thomas.« Es klingt vertraut und unangenehm zugleich. Da ist eine Spannung zwischen uns, aber es ist auch eine Art gegenseitiger Verpflichtung, die auf einer gemeinsamen Vergangenheit beruht. Er sagt, dass ich mich gut geschlagen habe bei meinem Angriff auf den Stundenweltrekord. Er hätte nicht gedacht, dass ich das noch draufhätte. Es folgt ein bisschen Small Talk, bevor das Gespräch auf Roompot kommt – ein neues niederländisches Radteam, zu dessen Gründern Michael gehört. Er erzählt, dass er selbst Geld reingesteckt hat. Wenn ich wollte, würde er es sicherlich durchbekommen, dass ich einen Platz im Kader erhalte. »Das hört sich gut an«, sage ich. Wir vereinbaren, uns in Kürze zu Hause in den Niederlanden zusammenzusetzen.

Ein paar Monate vor meinem Stundenweltrekord-Projekt war Angst der einzige Grund, warum ich Radprofi bleiben wollte. Ich wusste nicht, was ich sonst hätte tun sollen, ich fürchtete mich vor einem Leben ohne Radfahren. Aber nach meinem Rekordversuch auf der Bahn ist alles anders. Ich *möchte* auch wieder Radrennfahrer sein. Ob ich es durchhalte, so zu trainieren und so zu leben, weiß ich nicht, aber die letzten Monate waren wie eine Befreiung für mich. Roompot halte ich für eine gute Wahl. Ich würde liebend gerne für sie fahren, obwohl sie als neues Team nicht zur WorldTour gehören und nicht bei allen großen Rennen an den Start gehen. Die Luxemburg-Rundfahrt und die Ster Elektrotoer sind doch auch schöne Rennen. Zumindest sage ich mir das selbst.

Martijn und Eelco stehen schon seit ein paar Monaten in Kontakt mit dem Teammanagement von Roompot – neben Boogerd gehören dazu noch Erik Breukink (jawoll, er schon wieder), Jean-Paul van Poppel und Michael Zijlaard. Anfänglich hatten sie seitens Roompot noch geblockt, weil sie mich angeblich nicht bezahlen könnten. Aber das war Unsinn: Ich würde auch umsonst für sie fahren. Geld ist kein Argument mehr für mich. Ich denke lediglich, dass ich mit dem Radsport noch nicht fertig bin. Nach meinem Stundenweltrekordversuch ist nun vor allem Michael Zijlaard darauf erpicht, mich zu verpflichten - und sei es auch nur wegen meines Werbewerts. Er trifft sich mehrfach mit meinem Management. Beide Seiten nähern sich stückweise an. Zijlaard und die Berkhout-Brüder kommen überein, dass ich nur noch mal mit Breukink und Boogerd sprechen soll. Wenn die beiden auch grünes Licht geben, geht die Sache ihren Gang.

Anfang März treffe ich mich mit Breukink und Boogerd in Kapellen. Ich fühle mich wie ein Schuljunge, der ins Büro des Rektors gerufen wird. Ich bin bereit für ein Kreuzverhör, in dem sie mir alle möglichen Fragen und Anschuldigungen an den Kopf werfen. Aber das passiert nicht. Es ist mehr wie ein lockeres Gespräch in der Kneipe. Und, bei dir alles in Ordnung? Ja, alles bestens, bei euch auch? Sie fragen mich, wie ich es finden würde, in einem Team zu fahren, in dem vielleicht nicht alles bis in kleinste Detail tipptopp geregelt sei. Ich sage, das mache mir nichts aus. Ich versuche, sie zu überzeugen, dass ich die Freude am Radsport wiedergefunden habe. Dass ich nicht mehr der Fahrer bin, der in den letzten Jahren mit Miesepeterlaune hinten im Peloton rumgegondelt ist. Sie hören zu, sie nicken und sie sagen schließlich, dass sie mich am nächsten Tag anrufen werden, sobald sie sich mit den anderen Verantwortlichen zusammengesetzt haben. Als ich draußen bin, habe ich das Gefühl, der Vertrag bei Roompot ist in trockenen Tüchern. Boogerd hat mir doch schon nach dem Stundenweltrekordversuch zu verstehen gegeben, dass er mich gerne im Team haben will, und ich habe nie erlebt, dass Breukink eine eigene Meinung gehabt hätte – ich weiß also nicht, woran es noch scheitern könnte.

Am nächsten Tag bekomme ich um sieben Uhr abends einen Anruf. Nicht Boogerd oder Breukink sind dran, sondern Martijn. »Sie machen es nicht, Thomas.« Ich rufe sofort Boogerd an. Ich bin sauer und das lasse ich ihn auch spüren. Michael fragt mich, ob er mich später zurückrufen kann. »Ich bin gerade mit meinem Sohn auf dem Fußballplatz.« Es wird acht Uhr. Neun Uhr. Halb zehn. Ich kaue mir die Nägel wund. Um zehn Uhr bin ich das Warten satt und rufe ihn an. »Und«, frage ich zynisch, »ist das Fußballspiel inzwischen vorbei?« Er antwortet nicht. Stattdessen sagt er nur: »Sie wollen dich nicht im Team, Thomas.« »Aber meintest du nicht, du könntest es auf jeden Fall durchdrücken?«, frage ich. »Nein, nein«, murmelt er verlegen: »Auf mich warten da ein paar Schwierigkeiten. Die UCI hat mich auf dem Kieker.« »Hm, ich glaube, wir sind uns nicht zum letzten Mal begegnet«, sage ich kurz angebunden und lege auf.

Ich bin es satt. Ich bin es so entsetzlich satt. All die Ausflüchte, die leeren Worte, die Lügen, die Heuchelei. Ich bin Boogerd satt, der nie für irgendetwas bestraft worden ist und nun so tut, als sei er das Opfer einer Hexenjagd. Ich bin es satt, von anderen abhängig zu sein. Ich bin die Vergangenheit satt. Ich bin diese Unsicherheit satt. Ich bin die Zweifel satt. Ich bin es satt, um einen Vertrag zu betteln. Ich bin es satt, mir selbst einzureden, dass ich Radrennfahrer sein will. Ich bin es satt, so zu tun, als ob. Ich bin es satt, gegen besseres Wissen zu hoffen.

Ich bin es satt, die Entscheidung immer weiter hinauszuzögern. Ich bin das Training satt, ich bin die Rennen satt, ich bin es satt, mich zu schinden, ich bin es satt, mich mit dem Fahrer zu vergleichen, der ich einmal gewesen bin. Ich bin den Radsport satt.

Am Morgen nach dem Telefonat mit Boogerd rufe ich meinen Vater an. Ich sage: »Papa, ich höre auf.« Für einen Moment ist es still. Dann sagt er: »Okay, mein Sohn.«

Ich kann die Erleichterung in seiner Stimme hören.

33.

Da ist nichts als Leere. Die Tage strecken sich endlos vor mir aus wie der Pazifische Ozean vor dem Strand einer einsamen Insel. Ich habe nichts zu erledigen. Ich muss nicht trainieren, ich muss nicht ans nächste Rennen denken, ich muss mir keine Sorgen über einen neuen Vertrag machen. Ich muss nichts tun. Und ich tue nichts. Die ersten paar Tage, nachdem ich das Rad an den Nagel gehängt habe, liege ich vor allem im Bett. Ich denke nach. Nun, da mein Leben stillsteht, habe ich alle Zeit der Welt dafür. Ich nehme mir selbst viele Dinge übel. Daran, dass meine Radsportkarriere schon mit dreißig zu Ende ist, bin ich in erster Linie selbst schuld. Ich bin gescheitert. Ich habe zu wenig aus meinem Potenzial gemacht.

Nach einer Woche, in der ich mich allein zu Hause verschanzt habe, sagt Nathalie mir, dass ich zu ihr nach Los Angeles kommen soll. Einen Tag später sitze ich im Flugzeug. Ein Rückflugticket habe ich nicht gebucht. Nathalie holt sich einen jungen Kerl ins Haus, der nicht weiß, was er mit seinem Leben anstellen soll. Aber das findet sie nicht schlimm. Meine Probleme beeindrucken sie nicht sonderlich. Ich bleibe wochenlang bei ihr. Sie ist ein Geschenk des Himmels für mich. Sie ist alles, was ich brauche. Wir reden viel, und wir unternehmen Dinge, die ich noch nie getan habe. Wir besuchen Kunstmessen und Museen, wir gehen auf Partys mit Leuten, die ich nur aus Hollywood-Filmen kenne. Ich weiß nicht, was passiert wäre, wenn ich Nathalie nicht gehabt hätte. Dann wäre vielleicht alles ganz anders gekommen. Vielleicht wäre ich wieder in einem schwarzen, bis zum Rand mit Alkohol gefüllten Loch versunken. Auf jeden Fall wäre ich deutlich unglücklicher gewesen.

In Amerika ist man, im wörtlichen und im übertragenen Sinne, weit weg vom Radsport. Der Abstand tut mir gut. Es gelingt mir besser, die Dinge in die richtige Perspektive zu setzen. Mir wird bewusst, dass ich mich jahrelang praktisch im Kreis gedreht habe, wie ein Hund, der seinen eigenen Schwanz jagt. Ob Radsport, Frauen, Alkohol: Ich habe ständig die gleichen Fehler wiederholt. Ich will immer mehr, und deshalb stehe ich am Ende meist mit leeren Händen da. Wenn man nie zufrieden ist, wenn man nie Geduld hat, wenn man stets alles auf einmal will, wenn man versucht, hundert Leben in ein Leben zu packen, wie soll man da jemals mit seinem Leben glücklich sein? Ich bin jahrelang jeder Versuchung hinterhergerannt, die sich mir bot, ohne über die Folgen nachzudenken. Ich habe mich selbst ausgelaugt. Ich habe meine Karriere gegen die Wand gefahren. Ich habe den Menschen um mich herum so viel Kummer und Leid beschert.

Manchmal ertappe ich mich nun selbst dabei, dass ich mich als eine andere Person betrachte, als einen Menschen aus einer anderen Zeit und mit einem anderen Leben. Es ist, als ob ich meine Vergangenheit zu Hause in den Niederlanden gelassen hätte.

Bis zu diesem einen Telefonanruf. Aus der Schweiz. Wieder aus der Schweiz.

Die Vergangenheit ruft mich an. Am anderen Ende der Leitung ist ein Anwalt der UCI, Simon Geinoz. Er sagt, dass er an einem Disziplinarverfahren gegen Michael Boogerd arbeitet. Es sei ihnen bei der UCI ein Dorn im Auge, dass ein Dopingsünder ein eigenes Team mit lauter jungen Fahrern aufbauen will. Sie sammeln Beweise gegen ihn. Die UCI will Boogerd so lange wie möglich sperren. Wegen Doping, Dopinghandel und der Beihilfe zu Doping. Er sagt, dass er mir ein Schriftstück schicken wird, das sich auf meine Aussagen gegenüber der niederländischen Anti-Doping-Behörde bezieht. Wenn ich es unterschreiben würde, könnten sie Michael für acht Jahre sperren. Und, ach ja, ob ich mich damit bitte ein wenig beeilen könnte. Sie würden seine Sperre gern vor dem Start der Tour de France in Utrecht publikmachen. »Wegen der Öffentlichkeitswirkung und so. Ein prominenter niederländischer Name vor dem Tour-Start in den Niederlanden – naja, Sie wissen schon…«

Als er auflegt, lässt er mich ratlos zurück.

In dieser Nacht und auch in den Nächten danach liege ich stundenlang wach im Bett und zermartere mir das Hirn. Was soll ich tun? Soll ich unterschreiben? Oder nicht? Verdient er die Sperre? Warum benötigen sie überhaupt meine Unterschrift? Ich habe ihnen doch alles gesagt, oder? Und vor allem: Warum übertragen sie mir die Verantwortung, ob er acht Jahre gesperrt wird oder nicht? Warum muss ich über die Zukunft von Michael Boogerd entscheiden?

Ich versuche, den Anruf zu ignorieren. Aber das ist praktisch unmöglich: Geinoz bombardiert mich mit E-Mails und Anrufen. Er setzt mich unter Druck. Er will das besagte Schriftstück zurück, von mir unterschrieben und so schnell wie möglich. Ich beratschlage mich mit Nathalie und Martijn und Eelco. Aber letztendlich sagt jeder dasselbe: dass ich ganz allein die Entscheidung treffen muss, ob ich das Papier unterschreiben will oder nicht. Ich überlege, ob ich Michael selbst anrufen soll, tue es dann aber doch nicht. Erst recht nicht, bevor ich beschlossen habe, was ich tue.

Was ich auf jeden Fall nicht tue, ist, ihnen die Unterschrift noch vor dem Start der Tour de France in Utrecht zu liefern. Ich finde es schlichtweg lächerlich, dass die UCI sich Boogerd unbedingt dann vorknöpfen will, wenn der niederländische Radsport im Rampenlicht steht. An so einer kranken PR-Nummer beteilige ich mich nicht. Wenn sie bei der UCI ihr Image aufpolieren möchten, dann sollen sie sich was anderes einfallen lassen. Das ganze Disziplinarverfahren gegen Boogerd ist sowieso eine Farce. Es ist nun mehr als zwei Jahre her, seit er Doping gestanden hat. Seitdem haben sie kaum etwas gegen ihn unternommen, also sollte jetzt ein Monat mehr oder weniger auch keine Rolle spielen. Aber Geinoz akzeptiert keine Verzögerung. Er schickt mir eine E-Mail, in der er droht, mich zu verklagen, wenn ich nicht kooperiere. Er lässt mich wissen, dass ich ein weiteres Mal gesperrt werden könnte. Ich breche in schallendes Gelächter aus, als ich das lese. Ich bin doch gar kein Rennfahrer mehr. Sollen sie mich doch so lange sperren, wie sie Lust haben.

Aber in der Zwischenzeit belastet mich die ganze Situation weiter. Im Juli 2015 reise ich als Repräsentant einer Versicherungsgesellschaft nach Frankreich. Ich begleite eine Gruppe von älteren Herren, die auf Tandems Streckenabschnitte der Tour de France abfahren. Wir fahren über die berühmten Pässe der Tour, die französischen Zeitungen sind voll mit Radsport, im Fernsehen sehe ich das Peloton fahren – wenn ich meine Augen für einen kurzen Augenblick schließe, sehe ich mich selbst mittendrin. *Dort* müsste ich fahren, in der Gruppe der Favoriten. Plötzlich ist der Radsport wieder ganz nahe, und es ist schmerzhafter, als ich gedacht hatte. Tagesüber fahre ich selbst Rad oder sehe anderen beim Radfahren zu, abends trinke ich mehr, als gut für mich ist, und nachts träume ich von Schriftstücken der UCI. Am 15. Juli bin ich im niederländischen Fernsehen zu Gast in der Sendung *Tour du Jour*, in der jeden Abend die Tour-Etappe des Tages besprochen wird. Einer der anderen Gäste am Tisch ist Michael Boogerd. Ich werde live im Fernsehen als Täter dargestellt, von ihm und auch von Moderator Wilfred Genee. Minutenlang geht es um die Frage, was ich gegenüber der Anti-Doping-Behörde gesagt habe. Michael geriert sich wieder als Opfer einer Hexenjagd. Ich muss sie daran erinnern, dass hier nur ein Fahrer für ein Dopingvergehen gesperrt worden ist – ich.

Auch nach Ende der Sendung, als die Kameras aus sind, verharrt Michael in seiner Sündenbock-Rolle. Er beschwert sich darüber, wie viel Geld er schon für Anwälte aufbringen musste und dass er fürchtet, dass die UCI ihn sperrt – was solle er denn nur tun ohne Radsport? Er kommt auch noch mal auf den Grund zu sprechen, warum ich keinen Vertrag bei Roompot bekommen habe. »Wenn ich dir einen Vertrag gebe und ich selbst werde jetzt einfach so gesperrt – was hätte ich denn davon?« Ich schaue ihn an und lege die Stirn in Falten. Er wiederholt es noch mal. Ich merke, wie es in mir zu brodeln beginnt. Er hat mir keinen Vertrag gegeben, weil er selbst nichts davon hat? Ich muss mich zusammenreißen, um nicht loszuschreien. Ich gifte ihn an: Wenn die Situation andersherum gewesen wäre, hätte ich ihm auch einen Vertrag gegeben, wenn er inzwischen ein Holzbein gehabt hätte.

Nach dem unschönen Wiedersehen mit Michael spiele ich ein paar Tage mit dem Gedanken, das Papier der UCI zu unterschreiben. Aus Rache. Wenn er nur an sich denkt, kann ich das auch. Soll er doch vor die Hunde gehen: Er rechnet vielleicht mit ein, zwei Jahren Sperre. Aber vieles spricht dafür, dass sie ihn acht Jahre aus dem Verkehr ziehen. Er hat Doping benutzt, er hat mir beigebracht, Doping zu benutzen, er hat mir Dynepo verkauft, er hat mir die Telefonnummer von Matschiner gegeben. Wäre Michael ein Kasache mit einer etwas weniger sympathischen Ausstrahlung, hätte jeder verstanden, wenn er lebenslänglich gesperrt worden wäre. Ich weiß, dass er nicht damit leben könnte. Nicht mit acht Jahren Sperre. Nur eine Unterschrift von mir, und seine Welt bricht zusammen.

Aber ich tue es nicht. Natürlich nicht. Die UCI muss auf meine Unterschrift verzichten. Ich habe meine Geschichte der Anti-Doping-Behörde erzählt, ich war bei der WADA, ich habe meine Geschichte in der Zeitung offengelegt – wenn sie etwas damit anstellen wollen, dann haben sie Beweise genug. Von meiner Unterschrift erhofft sich die UCI mehr Rechtssicherheit im Verfahren gegen Boogerd. Aber wenn es ihnen so wichtig gewesen wäre, dann hätten sie ihn viel früher verfolgen sollen. Und außerdem will ich nicht derjenige sein, der ihnen Michaels Kopf liefert. Ich habe keinen Bedarf, mir die Verantwortung für eine achtjährige Sperre in die Schuhe schieben zu lassen. Und vor allem scheue ich davor zurück, Michael für etwas bluten zu lassen, was ich selbst gemacht habe. Michael hat mich nicht gezwungen, zu dopen; ich habe mich aus eigenem Antrieb auf die Suche begeben. Es waren viele Menschen an meinem Dopinggebrauch beteiligt, aber in der Frage, wer die Hauptverantwortung trägt, gibt es keinen Zweifel: ich selbst. Ja, ich bin manchmal frustriert. Aber das bedeutet nicht, dass ich meinen Frust an anderen abreagieren muss.

Ich lasse die UCI wissen, dass ich ihr Papier nicht unterzeichne. Sie sperren Michael Boogerd für zwei Jahre – nur wegen seines eigenen Dopings, nicht wegen der Beihilfe zum Doping. Ein paar Wochen nach meiner Entscheidung, nicht zu unterschreiben, erhalte ich eine E-Mail von Geinoz, in der er sich ausführlich entschuldigt. Er schreibt, dass er mit seiner Drohung, mich zu sperren, zu weit gegangen sei und dass seine Art der Kommunikation unangemessen gewesen sei. Und er dankt mir für meinen »engagierten Beitrag zum Kampf gegen Doping«. Ich lese seine E-Mail mit einer Mischung aus Überraschung und Freude.

Entschuldigungen und Danksagungen von der UCI – ich hätte nicht gedacht, dass ich das einmal erleben würde.

34.

Mein Leben hätte auf tausend Arten und Weisen anders verlaufen können. Ich hätte in der Gosse landen können. Ich hätte nie des Dopings überführt werden und jetzt zwei Mal Lüttich-Bastogne-Lüttich, das Amstel Gold Race und mehrere Tour-de-France-Etappen auf meiner Siegesliste stehen haben können, während ich in eine neue Saison als Kapitän eines Profiteams gehe. Ich könnte genauso gut auch längst tot sein.

Ich bin nicht stolz auf meine Radsportkarriere. Und auch nicht auf die Entscheidungen, die ich in den letzten zehn Jahren getroffen habe. Als zwanzigjähriger Neoprofi hätte ich nicht geglaubt, dass die Geschichte meines Lebens so aussehen würde, wie sie in diesem Buch geschildert wird. Ich hatte gedacht, dass ich große Rennen gewinnen würde, dass ich meinen Namen in Großbuchstaben in die Geschichtsbücher des Radsports setzen würde. Das ist nicht geschehen. Ich bin den Versuchungen erlegen, die sich mir geboten haben. Ob es nun um Doping, Geld, Sex oder Alkohol ging: Ich war maßlos. Ich war zu jung, zu unreif, zu ungeduldig, zu selbstdestruktiv und zu selbstzufrieden, um zu erkennen, dass ich einen Abhang hinunterraste. Ich bin kurz geflogen, aber ich bin noch viel, viel tiefer gefallen. Und dann habe ich jahrelang am Boden gelegen, unfähig, mich wieder aufzurappeln. Ich habe einen endlosen Kampf gegen mich selbst gekämpft, und meistens verlor ich. Dass die Vergangenheit so entscheidend sein würde für die Zukunft, hätte ich niemals gedacht.

Ich bedauere eine Menge Dinge. Was ich mir selbst angetan habe, aber vor allem, was ich anderen Menschen angetan habe. Manchmal war ich ein schrecklicher Freund, ein Arschloch von Teamkollege und ein Alptraum von Sohn. Meine Mutter bekommt noch immer einen Knoten im Magen, wenn sie nur meine Nummer auf dem Display ihres Telefons sieht, aus Angst, dass wieder irgendetwas mit mir ist. Ich habe meine Eltern, meine Freunde und meine Ex-Freundin in einigen Phasen meines Lebens weit von mir weg geschoben. Aber in den letzten Jahren ist es schon deutlich besser geworden. Ich lasse nicht länger den vermeintlich unbezwingbaren Macho heraushängen, der nie die Verantwortung für das übernimmt, was er angestellt hat.

Erst in jüngster Zeit gelingt es mir, wirklich zu verstehen, was ich getan und angerichtet habe. Ich habe ein ganz schönes Chaos veranstaltet. Dieses Buch dient zum Teil dazu, dieses Chaos aufzuräumen. Es ist eine Beichte, um mich selbst von der bösen Wahrheit zu befreien, die jahrelang in mir moderte und gärte. Ich muss nicht gemocht werden, ich brauche kein Mitleid, ich möchte lediglich erzählen, wie es schiefgegangen ist. Und sei es nur, um die kleinen Thomas Dekkers der Zukunft zu warnen. Ich hoffe, dass junge Athleten nicht die gleichen Fehler machen, die ich früher gemacht habe. Ich hoffe, dass sie und auch die Menschen, die sie begleiten, rechtzeitig die Fallstricke erkennen, die auf ihrem Weg warten. Und ich hoffe, dass sich der Radsport verändert. Dieser Sport ist längst nicht mehr so dopingverseucht wie in meinen frühen Profijahren, aber er ist auch weit davon entfernt, sauber zu sein. Es wimmelt noch immer von dubiosen Managern, zwielichtigen Teamleitern, falschen Ärzten und einer Menge Fahrern, die im Glashaus sitzen. Wenn niemand darüber spricht, wird es immer so bleiben.

Manchmal vermisse ich den Radsport. Es kann mir einen Stich ins Herz versetzen, wenn ich sehe, wie ein Fahrer in meinem Alter eine große Landesrundfahrt gewinnt. Ich vermisse das Leiden, die Kameradschaft im Peloton, das geballte Adrenalin eines Massensprints. Ich vermisse es gelegentlich, ein klares Ziel im Leben vor Augen zu haben. Aber meistens ist es eine Erleichterung, dass ich kein Radrennfahrer mehr bin. Im Nachhinein bin ich froh, dass ich keinen Vertrag bei Roompot bekommen habe: Es wäre nur darauf hinausgelaufen, dass ich gegen mich und meine Dämonen gekämpft hätte. Und wahrscheinlich hätte ich mich auch mit Michael Boogerd und Erik Breukink angelegt.

Im Allgemeinen bin ich ein glücklicherer Mensch, seit ich mit dem Radsport aufgehört habe. Ich sehe, dass die Welt größer ist als ein Peloton mit zweihundert Fahrern. Ich nehme Abstand von meiner dunklen Vergangenheit. Ich habe mein Appartement in Lucca verkauft, mein Haus in Lommel steht zum Verkauf. Ich reise viel mit Nathalie, ich unterhalte mich mit Menschen, die nichts von Radrennsport verstehen – aber umso mehr von viel wichtigeren Dingen. Gelegentlich ist mein Leben immer noch extrem. Ich habe eine kleine Rolle in einem Film über Lance Armstrong gespielt, auch wenn die

Szene, in der ich mitwirkte, schließlich rausgeschnitten wurde. Ich habe bei *Expedition Robinson* mitgemacht, einer Reality-Abenteuer-Show im niederländischen Fernsehen. Wochenlang saß ich auf einer Insel. Zu essen gab es kaum etwas, und es regnete unaufhörlich. An dem Tag, nachdem ich die Sendung verlassen hatte, lag ich schon mit einer überteuerten Flasche Champagner in der Hand an einem Swimmingpool in Griechenland. Aber der Unterschied zu früher ist, dass ich jetzt erkenne, dass es extrem ist: Ich habe den Trip nach Griechenland selbst abgebrochen, weil es mir zu viel wurde. Das soll nicht heißen, dass ich jetzt ein Heiliger wäre oder dass ich keine Dummheiten mehr anstellen würde. Mein Charakter hat sich nicht verändert: Ich habe immer noch die Neigung, ständig mehr zu wollen und mich mit all den Versuchungen, die sich mir bieten, selbst zu zerstören. Aber es gibt da gegenwärtig etwas, was mich bremst. Vielleicht zum ersten Mal in meinem Leben. Ich kämpfe immer noch gegen mich selbst, aber ich habe immer mehr das Gefühl, dass ich gewinne.

Was ich mit meinem Leben anstellen will, weiß ich nicht. Ich bin auf der Suche. Es ist wirklich eine nette Erfahrung und macht viel Spaß, all die Kunstmessen und Jetset-Partys zu besuchen, aber es ist nichts, woraus ich sonderlich viel Befriedigung oder Selbstwertgefühl ziehen würde. Doch ich werde schon etwas finden. Es ist muss nicht schnell gehen. Nicht mehr. Ich möchte zuerst das Chaos im meinem Kopf beseitigen.

Im Frühjahr 2016 erhalte ich eine Anfrage, an einem Theaterstück mitzuwirken. Es heißt: *Sportmonologe*. Sechs Athleten erzählen ihre Geschichte. Die Idee ist, dass ich 20 Minuten lang allein auf der Bühne stehe. Und dass ich ganz allein und ohne Unterbrechung darüber spreche, auf welche Weise ich meiner eigenen Radsportkarriere den Garaus gemacht habe. Ich sage zu. In den Wochen, bevor ich auf die Bühne muss, wachsen meine Bedenken. Ich mache mir immer größere Sorgen, wie das nur werden soll. Ich frage mich, ob ich es wohl kann, ob ich wohl den Mumm habe, ob ich mich an meinen Text erinnern kann und vor allem: ob ich es aushalte, so verletzlich zu sein, wenn ein paar tausend Augenpaare im Saal auf mich gerichtet sind. Vor zehn Jahren ließ ich mir von Eufemiano Fuentes still und heimlich in einem dunklen Hotelzimmer Blut abzapfen, aber im Theater wird von mir erwartet, dass ich offen und ehrlich davon erzähle, während alle mich anschauen.

Es ist Anfang September, als ich hinter den Kulissen der Kleinen Komödie in Amsterdam stehe. In meinen Radsportklamotten tigere ich im Schatten hinter dem großen Vorhang auf und ab. Ich höre die Sportler vor mir ihre Geschichte erzählen, ich höre, wie das Publikum applaudiert. Ich spüre die Wärme der Scheinwerfer. Ich bin so nervös, dass ich mich übergeben muss. In meinem Kopf wiederhole ich meine ersten Sätze. Ich denke an all die Geheimnisse, die ich nun in ein paar Minuten kübelweise vor der Öffentlichkeit ausschütten werde. Dann höre ich jemand meinen Namen ansagen. Ich muss raus, als Allerletzter. Ich atme einmal tief durch und trete hinaus auf die Bühne.

Es ist hell dort draußen, das helle Licht hat tausend Farben.

Epilog

Bevor ich Thomas Dekker im August 2008 zum ersten Mal interviewte, kannte ich ihn allein aus Geschichten. Er war arrogant, er war eitel und er hatte viel zu viel Geld für einen derart jungen Burschen. So hieß es. Bei unserem ersten Treffen tat Thomas sein Bestes, um dieses Vorurteil zu bestätigen. Er holte mich in seinem Porsche vom Flughafen in Pisa ab. Als ich meinen Rucksack in den viel zu kleinen Kofferraum stopfen wollte, zeigte er auf seine graue Jogginghose. »Hundert Prozent Kaschmir«, sagte er. Dann versuchte er so beiläufig wie möglich zu erwähnen, wie viel so eine Kaschmir-Jogginghose kostet: »Knapp sechshundert Euro.«

Ich denke, es ging ihm darum, mich zu beeindrucken, aber ich fand es vor allem komisch. Sechshundert Euro ausgeben für eine graue Jogginghose, darüber hätte ich mich den ganzen Weg von Pisa nach Lucca schlapplachen können. In den folgenden Tagen erkannte ich jedoch nur wenig von dem arroganten und eitlen Thomas Dekker wieder. Was ich sah, war vielmehr: ein unsicherer Junge, weit weg von zu Hause, der sich hinter einer Maske aus Sorglosigkeit und Macho-Allüren versteckte.

Ein Jahr später war ich erneut in Lucca. Er trug immer noch eine Maske, obwohl er kurz zuvor von der UCI des Dopings überführt worden war. Er tat so, als hätte er alles im Griff. Als würde er die zwei Jahre Sperre locker absitzen und dann stärker denn je zurückkommen. Er sagte mir, dass er nur ein Mal gedopt habe. Ich antwortete, dass ich ihm nicht glauben würde. Er zuckte mit den Schultern und lächelte. »Dann eben nicht.«

Sein Dopinggeständnis kam bruchstückhaft. Wie er seinen Kurs änderte, wie er vom alten zum neuen Radsport beidrehte, hatte etwas von einem Supertanker: Es vollzog sich so langsam, dass man manchmal gar nicht merkte, dass er sich überhaupt bewegte. Es war ein Prozess, der sich jahrelang hinzog. Erst im November 2012 fiel seine Maske vollständig. Der USADA-Bericht war gerade veröffentlicht worden, Rabobank hatte sich als Sponsor des gleichnamigen Rennstalls zurückgezogen, die Radsportwelt stand – mal wieder – lichterloh in Flammen, und Thomas hatte genug. Er wollte sich von der Vergangenheit befreien. Er wollte wieder in den Spiegel schauen können, und er hoffte, dass der Radsport bereit wäre, denselben Weg zu gehen. In einem Büro in Amsterdam erzählte er mir die Geschichte seines Dopings. Es dauerte vier Stunden. Seine Aussagen waren die Grundlage der Artikel, die im *NRC Handelsblad* über das Doping bei Rabobank, den Kundenkreis von Doktor Fuentes und den Missbrauch von Kortison-Attesten veröffentlicht wurden.

Wir sprachen damals auch zum ersten Mal über die Möglichkeit, ein Buch zu schreiben. Für uns beide gab es vor allem eine Bedingung: Wenn wir seine Geschichte erzählen würden, dann mussten wir alles erzählen. Keine Hintergedanken, keine Schönfärberei, keine Ausreden – nichts als die bittere Wahrheit.

Thomas und ich haben in den vergangenen Jahren viele Male zusammengesessen. Stunde um Stunde, Tag um Tag. Er erzählte, ich stellte Fragen. Er beschrieb die meisten Situationen und Anekdoten sehr detailliert – auch dann, wenn er sich für sie schämte. Er schonte sich nie: In unseren Gesprächen nahm er sich selbst, sein Verhalten und seine eigenen Entscheidungen schwer in die Mangel.

Dieses Buch ist die Geschichte von Thomas Dekker. Es sind die Geschehnisse seines Lebens, wie er sie gesehen und erlebt hat. Aber das bedeutet nicht, dass die Aussagen von Thomas die einzige Quelle wären. Dieses Buch ist auch das Resultat unzähliger Stunden Recherche. Ich habe in den vergangenen Jahren mit so vielen Beteiligten gesprochen wie möglich, und weiterhin habe ich die Erzählung von Thomas anhand der Gerichts- und Polizeiakten der Operación Puerto überprüft.

Nicht jeder, der in diesem Buch vorkommt, war bereit, daran mitzuwirken. Einige reagierten nicht auf Kontaktversuche, andere enthielten sich eines Kommentars, manche Mediziner beriefen sich auf ihre ärztliche Schweigepflicht. Andere erkannten sich nicht in den von Thomas beschriebenen Situationen wieder. Thomas' ehemaliger Manager Jacques Hanegraaf bestritt, dass er Thomas in Kontakt mit Eufemiano Fuentes gebracht hat, aber er wollte nicht auf weitere Einzelheiten oder Fragen eingehen. Michael Boogerd erkannte sich nicht in allen von Thomas geschilderten Situationen. Der belgische Arzt Jan Mathieu sagte, dass er keine fiktiven Verletzungen erdacht habe, um medizinische Atteste zu fälschen. Daan Luijkx stritt aufs Entschiedenste ab, Kenntnis von der Beziehung zwischen Thomas Dekker und Eufemiano Fuentes gehabt zu haben. Weiterhin sagte er, bestätigt von seinem Partner Hoendervangers, dass der Satz »Okay, ansonsten schaffen wir es halt gemeinsam aus der Welt« nicht von ihm gesagt wurde.

Dieses Buch kann unmöglich das Buch sein, das Thomas hätte schreiben wollen, als ich ihn im Jahr 2008 zum ersten Mal traf. Damals wollte er eine Geschichte erzählen, die von Siegen kündete und vor Euphorie nur so triefte. Stattdessen ist dies nun die Geschichte seines Kampfes gegen sich selbst. Er war jahrelang sein größter Gegner – und manchmal ist er das noch immer. Aber der größte Unterschied zu früher ist, dass er nicht mehr länger so tut, als wäre er jemand anders. Er lässt nicht mehr den Macho heraushängen, dem nichts und niemand etwas anhaben kann.

Als er zum letzten Mal eine graue Jogginghose trug, fragte ich ihn, ob sie wieder aus Kaschmir wäre. Er schüttelte den Kopf. »Nee, die ist von H&M. Fünfzehn Euro fünfundneunzig.« Er musste selbst am meisten darüber lachen.

Thijs Zonneveld